Conclusões da Conferência de SANTO DOMINGO

*Nova evangelização,
promoção humana, cultura cristã*

Coleção Sal da Terra
- *Conclusões da Conferência de Puebla* – Conselho Episcopal Latino-Americano (CELAM)
- *Conclusões da Conferência de Santo Domingo* – Conselho Episcopal Latino-Americano (CELAM)

Conselho Episcopal Latino-Americano (CELAM)

Conclusões da Conferência de SANTO DOMINGO
Nova evangelização, promoção humana, cultura cristã

12 a 28 de outubro de 1992

5ª edição – 2006

Dados Internacionais de Catalogação na Publicação (CIP)
(Câmara Brasileira do Livro, SP, Brasil)

Conferência Geral do Episcopado Latino-Americano
(4. : 1992 : Santo Domingo)

Conclusões da IV Conferência de Santo Domingo : nova evangelização, promoção humana, cultura cristã : texto oficial / Conselho Episcopal Latino-Americano (CELAM). – 5. ed. – São Paulo : Paulinas, 2006. – (Coleção sal da terra)

Bibliografia.
ISBN 85-356-1675-6

1. Cristianismo e cultura 2. Conferências episcopais católicas – América Latina 3. Evangelização – América Latina 4. Promoção social 5. Teologia pastoral I. Conselho Episcopal Latino-Americano (CELAM) II. Título. III. Série.

05-8361 CDD-262.120608

Índice para catálogo sistemático:
1. América Latina : Conferências episcopais 262.120608

Direção-geral: *Flávia Reginatto*
Editora responsável: *Vera Ivanise Bombonatto*
Copidesque: *Leonilda Menossi*
Coordenação de revisão: *Andréia Schweitzer*
Revisão: *Ana Cecilia Mari*
Direção de arte: *Irma Cipriani*
Gerente de produção: *Felício Calegaro Neto*
Capa e produção de arte: *Telma Custódio*

Nenhuma parte desta obra poderá ser reproduzida ou transmitida por qualquer forma e/ou quaisquer meios (eletrônico ou mecânico, incluindo fotocópia e gravação) ou arquivada em qualquer sistema ou banco de dados sem permissão escrita da Editora. Direitos reservados.

Paulinas
Rua Pedro de Toledo, 164
04039-000 – São Paulo – SP (Brasil)
Tel.: (11) 2125-3549 – Fax: (11) 2125-3548
http://www.paulinas.org.br – editora@paulinas.org.br
Telemarketing e SAC: 0800-7010081
© Pia Sociedade Filhas de São Paulo – São Paulo, 1992

Sumário

ABREVIATURAS 7
CARTA DO PAPA JOÃO PAULO II AOS BISPOS DIOCESANOS DA AMÉRICA LATINA 9
DISCURSO INAUGURAL DO PAPA JOÃO PAULO II 11
APRESENTAÇÃO 37
MENSAGEM DA IV CONFERÊNCIA AOS POVOS DA AMÉRICA LATINA E DO CARIBE 41

CONCLUSÕES DA CONFERÊNCIA DE SANTO DOMINGO 51

PRIMEIRA PARTE
JESUS CRISTO, EVANGELHO DO PAI 53
1. Profissão de fé 55
2. Nos 500 anos da primeira evangelização 62

SEGUNDA PARTE
JESUS CRISTO, EVANGELIZADOR VIVO EM SUA IGREJA 65

Capítulo 1 – A nova evangelização 67
   1.1. A Igreja convocada à santidade 71
   1.2. Comunidades eclesiais vivas e dinâmicas 80
   1.3. Na unidade do Espírito, com diversidade de ministérios
       e carismas 84
   1.4. Para anunciar o Reino a todos os povos 106

Capítulo 2 – A promoção humana 121
   2.1. A promoção humana, dimensão privilegiada da
       nova evangelização 122
   2.2. Os novos sinais dos tempos no campo da promoção humana 123
   2.3. A família e a vida: desafios de especial urgência na
       promoção humana 142

Capítulo 3 – A cultura cristã... 149
   3.1. Valores culturais: Cristo, medida de nossa conduta moral.............. 151
   *3.2. Unidade e pluralidade das culturas indígenas,
      afro-americanas e mestiças*... 154
   3.3. Nova cultura... 159
   3.4. A ação educativa da Igreja 163
   3.5. Comunicação social e cultura... 168

Terceira Parte
Jesus Cristo, vida e esperança da América Latina e do Caribe 173

Linhas pastorais prioritárias.. 173
   1. Uma nova evangelização dos novos povos 175
   *2. Promoção humana integral dos povos
      latino-americanos e caribenhos*... 175
   3. Uma evangelização inculturada 176

Índice temático 179

Anexo 1– Mensagem do papa João Paulo II aos indígenas.............................203

Anexo 2 – Mensagem do papa João Paulo II aos afro-americanos................. 211

Abreviaturas

AA	Concílio Vaticano II, decreto *Apostolicam Actuositatem*, 18 de novembro de 1965
AG	Concílio Vaticano II, decreto *Ad Gentes*, 7 de dezembro de 1965
CA	João Paulo II, carta encíclica *Centesimus Annus*, 1º de maio de 1991
CD	Concílio Vaticano II, decreto *Christus Dominus*, 28 de outubro de 1965
CEB	Comunidade Eclesial de Base
CELAM	Conselho Episcopal Latino-Americano
CIC	*Codex Iuris Canonici*, promulgado em 25 de janeiro de 1983
CT	João Paulo II, exortação apostólica *Catechesi Tradendae*, 16 de outubro de 1979
ChL	João Paulo II, exortação apostólica pós-sinodal *Christifideles Laici*, 30 de dezembro de 1988
DP	Documento da III Conferência Geral do Episcopado Latino-Americano, celebrada em Puebla dos Anjos – México, 1979
EN	Paulo VI, exortação apostólica *Evangelii Nuntiandi*, 8 de dezembro de 1975
FC	João Paulo II, exortação apostólica *Familiaris Consortio*, 22 de novembro de 1981
GS	Vaticano II, constituição pastoral *Gaudium et Spes*, 7 de dezembro de 1965
LE	João Paulo II, carta encíclica *Laborem Exercens*, 14 de agosto de 1991
LG	Concílio Vaticano II, constituição dogmática *Lumen Gentium*, 21 de novembro de 1964
Med	Documentos da II Conferência Geral do Episcopado Latino-Americano, celebrada em Medellín – Colômbia, 1968
MD	João Paulo II, carta apostólica *Mulieris Dignitatem*, 15 de setembro de 1988

OT	Concílio Vaticano II, decreto *Optatam Totius*, 28 de outubro de 1965
PC	Concílio Vaticano II, decreto *Perfectae Caritatis*, 28 de outubro de 1965
PDV	João Paulo II, exortação apostólica pós-sinodal *Pastores Dabo Vobis*, 29 de março de 1992
PP	Paulo VI, carta encíclica *Populorum Progressio*, 26 de março de 1967
RMi	João Paulo II, carta encíclica *Redemptoris Missio*, 7 de dezembro de 1990
SC	Concílio Vaticano II, constituição *Sacrosanctum Concilium* sobre a Sagrada Liturgia, 4 de dezembro de 1963
UR	Concílio Vaticano II, decreto *Unitatis Redintegratio*

Carta do papa João Paulo II aos bispos diocesanos da América Latina

Aos bispos diocesanos da América Latina

Em vista do V Centenário da evangelização da América, eu convocara a IV Conferência Geral do Episcopado Latino-Americano para estudar, à luz de Cristo, o mesmo ontem, hoje e sempre (Hb 13,8), os grandes temas da nova evangelização, a promoção humana e a cultura cristã.

A divina Providência deu-me a satisfação de poder inaugurar pessoalmente esta Assembléia em Santo Domingo, no dia 12 de outubro deste ano. No dia 28 do mesmo mês, concluíram-se os trabalhos da Conferência, e seus presidentes enviaram-me as conclusões que os bispos presentes tinham elaborado.

Com imensa alegria pude comprovar a profunda solicitude pastoral com que meus irmãos no episcopado examinaram os temas que eu lhes havia proposto, a fim de contribuir para o desenvolvimento da vida da Igreja na América Latina, em vista do presente e do futuro.

Os textos conclusivos da referida Conferência, cuja difusão eu tinha autorizado, poderão agora orientar a ação pastoral de cada bispo diocesano da América Latina. Cada pastor diocesano, juntamente com os presbíteros, "seus colaboradores" (*Lumen Gentium*, 28), e com os demais membros da Igreja particular que lhe fora confiada, fará o necessário discernimento para ver o que é mais útil e urgente na situação particular de sua diocese.

Um consenso amplo dos bispos das Igrejas particulares existentes num mesmo país poderá também levar a fórmulas ou a planos pastorais comuns, respeitando-se sempre a identidade de cada diocese e a autoridade pastoral que cabe ao bispo, que é centro visível de unidade e, ao mesmo tempo, respeitando-se seu vínculo hierárquico com o sucessor de Pedro e com a Igreja universal (cf. *Lumen Gentium*, 23).

Como é óbvio, as conclusões da Conferência de Santo Domingo deverão ser analisadas à luz do Magistério da Igreja universal e ser colocadas em prática na fidelidade à disciplina canônica em vigor.

Quanto a mim, tenho a certeza de que a solicitude pastoral dos bispos da América Latina conduzirão todas as Igrejas particulares do continente a um renovado compromisso com a nova evangelização, a promoção humana e a cultura cristã.

Que Jesus Cristo, nosso Senhor, evangelizador e salvador, seja hoje, como ontem e sempre, o centro da vida da Igreja.

Que a Virgem Santíssima, que sempre esteve ao lado de seu divino Filho, acompanhe os pastores e os fiéis em sua peregrinação até Deus.

Vaticano, 10 de novembro de 1992,
memória de são Leão Magno, papa e doutor da Igreja.

Discurso inaugural do papa João Paulo II

Nova evangelização, promoção humana, cultura cristã

"Jesus Cristo ontem, hoje e sempre"
(Hebreus 13,8)

Queridos irmãos no episcopado,
amados sacerdotes, religiosos, religiosas e leigos

1. Sob a guia do Espírito Santo, a quem acabamos de invocar fervorosamente para que ilumine os trabalhos desta importante Assembléia eclesial, inauguramos esta IV Conferência Geral do Episcopado Latino-Americano, pondo nossos olhos e nosso coração em Jesus Cristo, "o mesmo ontem, hoje e por toda a eternidade" (Hb 13,8). Ele é o Princípio e o Fim, o Alfa e o Ômega (Ap 21,6; cf. 1,8; 22,13), *a plenitude da evangelização*, "o primeiro e o maior dos evangelizadores. Ele foi isso mesmo até ao fim, até à perfeição, até ao sacrifício da sua vida terrena" (*Evangelii Nuntiandi*, 7).

Sentimos muito viva nesta celebração *a presença de Jesus Cristo*, Senhor da História. Em seu nome se reuniram os bispos da América Latina nas assembléias anteriores — Rio de Janeiro em 1955; Medellín em 1968; Puebla em 1979 —, e em seu mesmo nome nos reunimos agora em Santo Domingo, para tratar o tema "Nova evangelização, promoção humana, cultura cristã", que engloba as grandes questões que, de aqui para o futuro, deve enfrentar a Igreja diante das novas situações que emergem na América Latina e no mundo.

Esta, queridos irmãos, é uma hora de graça para todos nós e para a Igreja que peregrina na América. Na verdade, para a Igreja universal que nos acompanha com sua opção, com essa comunhão profunda de corações que o Espírito Santo gera em todos os membros do único Corpo de Cristo. Hora de graça e também de grande responsabilidade. Diante dos nossos olhos já se vislumbra o terceiro milênio. E se a Providência divina nos convocou para lhe dar graças pelos 500 anos de fé e de vida cristã no continente americano, com maior razão podemos dizer que nos convocou também para renovar-nos interiormente, e para "distinguir os sinais dos tempos" (cf. Mt 16,3). Na verdade, a chamada à nova evangelização é, antes de tudo, uma chamada à conversão. De fato, mediante o testemunho de uma Igreja cada vez mais fiel à sua identidade e mais viva em todas as suas manifestações, os homens e os povos poderão continuar a encontrar Jesus Cristo e, nele, a verdade de sua vocação e de sua esperança, o caminho em direção a uma humanidade melhor.

Olhando para Cristo, "com o olhar fixo no autor e consumador de nossa fé, Jesus" (Hb 12,2), seguimos a senda percorrida pelo Concílio Vaticano II, cujo 30º aniversário de inauguração foi ontem celebrado. Daí que, ao inaugurar esta magna Assembléia, desejo recordar aquelas expressivas palavras pronunciadas pelo meu venerável predecessor, o papa Paulo VI, na abertura da segunda sessão conciliar:

"Cristo!
Cristo, nosso princípio.
Cristo, nossa vida e nosso guia.
Cristo, nossa esperança e nosso fim...
Que não desça sobre esta Assembléia outra luz,
a não ser a luz de Cristo, luz do mundo.
Que nenhuma outra verdade atraia a nossa mente,
fora das palavras do Senhor, único Mestre.
Que não tenhamos outra aspiração, que não seja
o desejo de lhe sermos absolutamente fiéis.
Que nenhuma outra esperança nos sustente, a não ser aquela que,
mediante a sua palavra, conforta a nossa debilidade..."

I. JESUS CRISTO ONTEM, HOJE E SEMPRE

2. Esta Conferência reúne-se para *celebrar Jesus Cristo*, para dar graças a Deus por sua presença nestas terras americanas, donde, faz hoje 500 anos, começou a difundir-se a mensagem da salvação; reúne-se para *celebrar* a implantação da Igreja que, durante estes cinco séculos, tão abundantes frutos de santidade e de amor deu ao Novo Mundo.

Jesus Cristo é a *Verdade eterna* que se manifestou na plenitude dos tempos. E precisamente para transmitir a Boa-Nova a todos os povos, fundou a sua Igreja com a missão específica de *evangelizar*: "Ide por todo o mundo, pregai o Evangelho a toda criatura" (Mc 16,15). Pode-se dizer que nestas palavras está contida a *solene proclamação da evangelização*. Assim, pois, desde o dia em que os Apóstolos receberam o Espírito Santo, a Igreja recebeu a tarefa da evangelização. São Paulo o exprime numa frase lapidar e emblemática: *Evangelizare Jesum Christum*, "anunciar a Jesus Cristo" (Gl 1,16). Foi o que fizeram os discípulos do Senhor, em todos os tempos e em todas as latitudes do mundo.

3. Neste singular processo, o ano de 1492 encerra uma *data chave*. Com efeito, no dia 12 de outubro — faz hoje exatamente cinco séculos — o almirante Cristóvão Colombo, com suas três caravelas procedentes da Espanha, chegou a estas terras e nelas fincou a cruz de Cristo. No entanto, *a evangelização* propriamente dita começou com a segunda viagem dos descobridores, que vieram acompanhados dos primeiros missionários. Iniciava-se assim a semeadura do *dom precioso* da fé. E como não *dar graças a Deus* por ela, junto convosco, queridos irmãos bispos, que hoje tornais presentes aqui em Santo Domingo todas as Igrejas particulares da América Latina? Como não dar graças pela semente plantada ao longo destes cinco séculos por tantos e tão intrépidos missionários!

Com a chegada do Evangelho à América, a história da salvação se expande, cresce a família de Deus, multiplica-se "para a glória de Deus o número dos que lhe dão graças" (2Cor 4,15). Os povos do Novo Mundo eram "povos novos... totalmente desconhecidos para o Velho Mundo até o ano de 1492"; porém, "eram conhecidos desde toda a eternidade por Deus, e por ele sempre abraçados com a paternidade que o Filho revelou na plenitude dos tempos" (Gl 4,4) (*Homilia*, 1º de janeiro de 1992). Nos povos da América, Deus escolheu para si um novo povo, incorporou-o ao seu desígnio redentor, fazendo-o participar do seu espírito. Mediante a evangelização e a fé em Cristo, Deus renovou sua aliança com a América Latina.

Demos, pois, graças a Deus pela plêiade de evangelizadores que deixaram sua pátria e deram sua vida para semear no Novo Mundo a vida nova da fé, da esperança e do amor. O seu móbil não era a lenda do "Eldorado", nem mesmo interesses pessoais, mas a chamada urgente a evangelizar irmãos que não conheciam a Jesus Cristo. Eles anunciaram "a bondade de Deus nosso Salvador e o seu amor pelos homens" (Tt 3,4), a povos que ofereciam aos seus deuses inclusive sacrifícios humanos. Eles testemunharam, com sua vida e com sua palavra, a humanidade que brota do encontro com Cristo. Pelo seu testemunho e sua pregação, o número de homens e de mulheres, que se abriam à graça de Cristo, multiplicou-se "como as estrelas do céu e inumerável como as areias das praias" (Hb 11,12).

4. Desde os primeiros passos da evangelização, a Igreja católica, movida pela fidelidade ao Espírito de Cristo, foi defensora infatigável dos índios, protetora dos valores que havia em suas culturas, promotora de humanidade diante dos abusos de colonizadores, às vezes sem escrúpulos. A denúncia das injustiças e das violações feita por Montesinos, Las Casas, Córdoba, Frei Juan del Valle e muitos outros, foi como um clamor que propiciou uma legislação inspirada no reconhecimento e no valor sagrado da pessoa. A consciência cristã aflorava com valentia profética nessa cátedra de dignidade e de liberdade que foi, na Universidade de Salamanca, a Escola de Vitória (cf. *Discurso à II Assembléia Plenária da Pontifícia Comissão para a América Latina*, 14 de maio de 1991), e em tantos outros exímios defensores dos nativos, na Espanha e na América Latina. Nomes que são bem conhecidos e que, por ocasião do V Centenário, foram lembrados com admiração e gratidão. De minha parte, e para precisar *os perfis da verdade histórica*, pondo em relevo as raízes cristãs e a identidade católica do continente, sugeri que se celebrasse um Simpósio Internacional sobre a História da Evangelização da América, organizado pela Pontifícia Comissão para a América Latina. Os dados históricos mostram que foi levada a cabo uma *válida, fecunda e admirável obra evangelizadora* e que, através dela, ganhou de tal modo espaço na América a verdade sobre

Deus e sobre o homem que, de fato, ela mesma constitui uma espécie de tribunal de acusação dos responsáveis daqueles abusos.

Da fecundidade da semente evangélica depositada nestas terras abençoadas, pude ser testemunha durante as *viagens apostólicas* que o Senhor me permitiu realizar nas vossas Igrejas particulares. Como não manifestar abertamente minha ardente gratidão a Deus, por ter-me concedido conhecer a realidade viva da Igreja na América Latina! Nas minhas viagens ao continente, assim como durante as vossas visitas "ad Limina", e em outros diversos encontros — que fortaleceram os vínculos de colegialidade episcopal e a co-responsabilidade na solicitude pastoral por toda a Igreja —, pude comprovar repetidamente o vigor da fé das vossas comunidades eclesiais e também medir a dimensão dos desafios para a Igreja, ligada indissoluvelmente à mesma sorte dos povos do continente.

5. Esta Conferência geral reúne-se para preparar as linhas mestras de uma *ação evangelizadora*, que ponha Cristo no coração e nos lábios de todos os latino-americanos. Esta é a nossa tarefa: fazer que a verdade sobre Cristo e a verdade sobre o homem penetrem ainda mais profundamente em todos os segmentos da sociedade e a transformem (cf. *Discurso à Pontifícia Comissão para a América Latina*, 14 de junho de 1991).

Nas suas deliberações e conclusões, esta Conferência deverá saber conjugar os três elementos doutrinais e pastorais, que constituem as três coordenadas da nova evangelização: *Cristologia, Eclesiologia e Antropologia*. Contando com uma profunda e adequada Cristologia (cf. *Discurso à II Assembléia Plenária da Pontifícia Comissão para a América Latina*, 3), e baseados numa sadia antropologia e com uma clara e reta visão eclesiológica, deveis enfrentar os desafios que se apresentam hoje à ação evangelizadora da Igreja na América.

Em continuação, desejo compartilhar convosco algumas reflexões que, seguindo a pauta do tema da Conferência e como sinal de profunda comunhão e co-responsabilidade eclesial, vos ajudem na vossa solicitude de pastores, dedicados generosamente ao serviço do rebanho que o Senhor vos confiou. Trata-se de apresentar algumas prioridades, a partir da perspectiva da nova evangelização.

II. NOVA EVANGELIZAÇÃO

6. A nova evangelização é a idéia central de toda a temática desta Conferência.

Desde o meu encontro, no Haiti, com os bispos do CELAM em 1983, venho pondo uma particular ênfase nesta expressão, para despertar assim um novo ardor e novos esforços evangelizadores na América e no mundo inteiro; ou seja, para dar à ação pastoral "um novo impulso, capaz de suscitar, numa Igreja ainda mais arraigada na força e na potência imorredouras do Pentecostes, tempos novos de evangelização" (*Evangelii Nuntiandi*, 2).

A nova evangelização não consiste num "novo Evangelho", que surgiria sempre de nós mesmos, da nossa cultura ou da nossa análise sobre as necessidades do homem. Por isso, não seria "Evangelho", mas pura invenção humana, e a salvação não se encontraria nele. Nem mesmo consiste em retirar do Evangelho tudo aquilo que parece dificilmente assimilável. Não é a cultura a medida do Evangelho, mas Jesus Cristo é a medida de toda cultura e de toda obra humana. Não, a nova evangelização não nasce do desejo de "agradar aos homens" ou de "procurar o seu favor" (cf. Gl 1,10), mas da responsabilidade pelo dom que Deus nos fez em Cristo, pelo qual temos acesso à verdade sobre Deus e sobre o homem, e à possibilidade da vida verdadeira.

A nova evangelização tem, como ponto de partida, a certeza de que em Cristo há uma "riqueza insondável" (Ef 3,8), que não extingue nenhuma cultura de qualquer época, e à qual nós homens sempre podemos recorrer para enriquecer-nos (cf. Assembléia especial do Sínodo dos bispos da Europa, *Declaração final*, 3). Essa riqueza é, antes de tudo, o próprio Cristo, sua pessoa, porque ele mesmo é a nossa salvação. Nós, homens de qualquer época e de qualquer cultura, aproximando-nos dele mediante a fé e a incorporação ao seu corpo, que é a Igreja, podemos encontrar a resposta àquelas perguntas, sempre antigas e sempre novas, que nos apresentam no mistério da nossa existência, e que de modo indelével levamos gravadas em nosso coração desde a criação e desde a ferida do pecado.

7. A novidade não afeta o conteúdo da mensagem evangélica, que não muda, pois Cristo é "sempre o mesmo: ontem, hoje e sempre". Por isso, o Evangelho há de ser proclamado em total fidelidade e pureza,

assim como foi conservado e transmitido pela Tradição da Igreja. Evangelizar é anunciar uma pessoa, que é Cristo. De fato, "não haverá nunca evangelização verdadeira se o nome, a doutrina, a vida, as promessas, o Reino, o mistério de Jesus de Nazaré, Filho de Deus, não forem anunciados" (*Evangelii Nuntiandi*, 22). Por isso, as cristologias redutivas, cujos desvios assinalei em diversas ocasiões (cf. *Discurso inaugural da Conferência de Puebla*, 28 de janeiro de 1979, I, 4), não podem aceitar-se como instrumento da nova evangelização. Ao evangelizar, a unidade da fé da Igreja tem que resplandecer não somente no magistério autêntico dos bispos, mas também no serviço à verdade por parte dos pastores de almas, dos teólogos, dos catequistas, e de todos os que estão comprometidos na proclamação e pregação da fé.

A este respeito, a Igreja estimula, admira e respeita a vocação do teólogo, cuja "função é adquirir uma compreensão sempre mais profunda da Palavra de Deus, contida na Escritura, inspirada e transmitida pela Tradição viva da Igreja" (*Instrução sobre a vocação eclesial do teólogo*, 6). Esta vocação, nobre e necessária, surge no interior da Igreja e pressupõe a condição de crente no próprio teólogo, com uma atitude de fé que ele mesmo deve testemunhar na comunidade. "A reta consciência do teólogo católico supõe, portanto, a fé na Palavra de Deus (...) o amor à Igreja, da qual ele recebe a sua missão, e o respeito pelo Magistério divinamente assistido" (ibid., 38). A teologia está chamada a prestar um grande serviço à nova evangelização.

8. Certamente é a verdade que nos torna livres (cf. Jo 8,32). Existem, porém, posições inaceitáveis sobre o que é a verdade, a liberdade e a consciência. Chega-se, inclusive, a justificar a dissensão recorrendo "ao pluralismo teológico, levado às vezes até a um relativismo, que põe em perigo a integridade da fé". Não faltam os que pensam que "os documentos do Magistério não seriam nada mais que o reflexo de uma teologia opinável" (ibid., 34); e "surge assim uma espécie de 'magistério paralelo' dos teólogos, em oposição e em concorrência com o Magistério autêntico" (ibid.). Por outro lado, não podemos minimizar o fato de que "os comportamentos de oposição sistemática à Igreja, que chegam até mesmo a constituir-se em grupos organizados", a contestação e a discórdia, da mesma forma que "causam graves inconvenientes para a comunhão da Igreja", são também um obstáculo para a evangelização (cf. ibid., 32).

A *confissão da fé* — "Jesus Cristo é sempre o mesmo: ontem, hoje e sempre" (Hb 13,8) —, que é como o pano de fundo do tema desta IV Conferência, nos leva a recordar o seguinte versículo: "Não vos deixeis seduzir pela diversidade de doutrinas estranhas" (Hb 13,9). Vós, amados pastores, deveis zelar sobretudo pela fé da gente simples que, em caso contrário, se veria desorientada e confundida.

9. Todos os evangelizadores deverão dar também uma especial atenção à *catequese*. No início do meu pontificado quis dar um novo impulso a esta tarefa pastoral, mediante a exortação apostólica *Catechesi Tradendae*, e recentemente aprovei o *Catecismo da Igreja Católica*, que recomendo como o melhor dom que a Igreja pode fazer aos seus bispos e ao Povo de Deus. Trata-se de um valioso instrumento para a nova evangelização, onde se compendia toda a doutrina que a Igreja deve ensinar.

Confio igualmente que o *Movimento bíblico* continue desenvolvendo sua benéfica tarefa na América Latina, e que as Sagradas Escrituras nutram cada vez mais a vida dos fiéis, para o que se faz imprescindível que os agentes da pastoral se aprofundem incansavelmente na Palavra de Deus, vivendo-a e transmitindo-a aos demais com fidelidade, ou seja, "tendo em conta a Tradição viva de toda a Igreja e a analogia da fé" (*Dei Verbum*, 12). Da mesma forma, o *Movimento litúrgico* deverá dar um renovado impulso à vivência íntima dos mistérios da nossa fé, levando ao encontro de Cristo ressuscitado na liturgia da Igreja. É na celebração da Palavra e dos sacramentos, mas sobretudo na celebração da Eucaristia, fonte e coroa da vida da Igreja e de toda a evangelização, que se realiza nosso encontro salvífico com Cristo, a quem nos unimos misticamente formando a sua Igreja (cf. *Lumen Gentium*, 7). Por isso exorto-vos a dar um novo impulso à celebração digna, viva e participada das assembléias litúrgicas, com esse profundo sentido da fé e da contemplação dos mistérios da salvação, tão enraizados em vossos povos.

10. A "novidade" da ação evangelizadora a que temos convocado, afeta a atitude, o estilo, o esforço e a programação ou, como o propus em Haiti, o *ardor*, os *métodos* e a *expressão* (cf. D*iscurso aos bispos do CELAM*, 9 de março de 1983). Uma evangelização nova no seu ardor supõe uma fé sólida, uma caridade pastoral intensa e uma fidelidade a toda prova que, sob o influxo do Espírito, gerem uma mística, um incontido entusiasmo na tarefa de anunciar o Evangelho. Na linguagem neotestamentária é a "parresia" que inflama o coração do apóstolo (cf. At 5,28-29; cf. *Redemptoris*

Missio, 45). Esta "parresia" há de ser também o selo do vosso apostolado na América. Nada vos pode fazer calar. *Sois arautos da verdade*. A verdade de Cristo há de iluminar as mentes e os corações com a ativa, incansável e pública proclamação dos valores cristãos.

Por outra parte, os novos tempos exigem que a mensagem cristã chegue ao homem de hoje, mediante *novos métodos* de apostolado, e que seja *expressada* numa linguagem e forma acessível ao homem latino-americano, necessitado de Cristo e sedento do Evangelho: como tornar acessível, penetrante, válida e profunda a resposta do homem de hoje, sem alterar ou modificar em nada o conteúdo da mensagem evangélica? Como chegar ao coração da cultura que queremos evangelizar? Como falar de Deus num mundo em que está presente um processo crescente de secularização?

11. Como o manifestastes nos encontros e nos colóquios que mantivemos ao longo destes anos, tanto em Roma como nas minhas visitas às vossas Igrejas particulares, hoje a fé simples da vossa gente sofre a investida da *secularização*, com o conseqüente enfraquecimento dos valores religiosos e morais. Nos ambientes urbanos, cresce uma modalidade cultural que, confiando somente na ciência e nos adiantamentos da técnica, se apresenta como hostil à fé. Transmitem-se uns "modelos" de vida, em contraste com os valores do Evangelho. Sob a pressão do *secularismo*, chega-se a apresentar a fé como se fosse uma ameaça à liberdade e à autonomia do homem.

No entanto, não podemos esquecer que a história recente mostrou que quando, ao amparo de certas ideologias, se negam a verdade sobre Deus e a verdade sobre o homem, é impossível construir uma sociedade de rosto humano. Com a queda dos regimes do chamado "socialismo real" na Europa oriental, é de se esperar que também neste continente se tirem as conclusões pertinentes em relação ao valor efêmero de tais ideologias. A crise do coletivismo marxista não teve somente raízes econômicas, como salientei na encíclica *Centesimus Annus* (n. 41), visto que a verdade sobre o homem está íntima e necessariamente ligada à verdade sobre Deus.

A *nova evangelização* há de dar assim uma resposta integral, pronta, ágil, que fortaleça a fé católica nas suas verdades fundamentais, nas suas dimensões individuais, familiares e sociais.

12. A exemplo do bom pastor, deveis apascentar o rebanho que vos foi confiado e defendê-lo dos lobos vorazes. As *seitas* e os movimentos "pseudo-espirituais" de que fala o Documento de Puebla (n. 628) são causa de divisão e de discórdia nas vossas comunidades eclesiais, e cujas expansão e agressividade urge enfrentar.

Como muitos de vós tiveram ocasião de assinalar, *o avanço das seitas* põe em evidência um vazio pastoral, que tem freqüentemente sua causa na falta de formação, que dissolve a identidade cristã, fazendo que grandes massas de católicos sem uma adequada atenção religiosa, entre outras razões, por falta de sacerdotes, fiquem à mercê de campanhas de proselitismo sectário muito ativas. Mas pode também acontecer que os fiéis não encontrem entre os agentes da pastoral aquele forte sentido de Deus, que eles deveriam transmitir em suas vidas. "Tais situações podem ser ocasião para que muitas pessoas, pobres e simples — como infelizmente está ocorrendo — se convertam em fácil presa das seitas, nas quais buscam sentido religioso da vida que, talvez, não encontrem naqueles que lho deveriam oferecer a mãos cheias" (*Os caminhos do Evangelho*, 20).

Por outra parte, não se pode menosprezar uma certa estratégia, cujo objetivo é enfraquecer os fatores que unem os países da América Latina, dissolvendo assim as forças que nascem da unidade. Com este objetivo, se destinam importantes recursos econômicos para subvencionar campanhas proselitistas, que buscam desestruturar esta unidade católica.

Ao preocupante fenômeno das seitas, deve-se responder com uma ação pastoral que ponha no centro de toda pessoa a sua dimensão comunitária e o seu anseio de uma relação pessoal com Deus. É um fato que ali onde a presença da Igreja é dinâmica, como no caso das *paróquias* em que se promove uma assídua formação na Palavra de Deus, onde existe uma liturgia ativa e participada, uma sólida piedade mariana, uma efetiva solidariedade no campo social, uma marcada solicitude pastoral pela família, pelos jovens e pelos doentes, as seitas ou os movimentos pararreligiosos não conseguem se instalar ou progredir.

A forte *religiosidade popular* de vossos fiéis, com seus extraordinários valores de fé e de piedade, de sacrifício e de solidariedade, convenientemente evangelizada e alegremente celebrada, orientada em torno dos mistérios de Cristo e da Virgem Maria, pode ser, pelas suas raízes eminentemente católicas, um antídoto contra as seitas e uma garantia de fidelidade à mensagem da salvação.

III. PROMOÇÃO HUMANA

13. Levando-se em conta que a Igreja está consciente de que o *homem* — não o homem abstrato, mas o homem concreto e histórico — "é o primeiro caminho que a Igreja deve percorrer no cumprimento da sua missão" (*Redemptor Hominis*, 14), a *promoção humana* há de ser conseqüência lógica da evangelização, para a qual tende a libertação integral da pessoa (cf. *Evangelii Nuntiandi*, 29-39).

Olhando para este homem concreto, vós, pastores da Igreja, constatais a difícil e delicada realidade social pela qual atravessa hoje a América Latina, onde existem amplas camadas de população na pobreza e na marginalização. Por isso, solidários com o *clamor dos pobres*, vos sentis chamados a assumir o papel de bom samaritano (cf. Lc 10,25-37), onde o amor a Deus se demonstra no amor à pessoa humana. É o que nos lembra o apóstolo Tiago com aquelas sérias palavras: "Se um irmão ou uma irmã estiverem nus e precisarem do alimento cotidiano, e algum de vós lhe disser: 'Ide em paz, aquecei-vos e saciai-vos', porém, não lhe der as coisas necessárias ao corpo, de que lhe aproveitará?" (Tg 2,15-16).

A preocupação pelo social "faz parte da missão evangelizadora da Igreja" (*Solicitudo Rei Socialis*, 41). "Efetivamente, para a Igreja, ensinar a difundir a doutrina social pertence à sua missão evangelizadora e faz parte essencial da mensagem cristã, porque essa doutrina propõe as suas conseqüências diretas na vida da sociedade e enquadra o trabalho diário e as lutas pela justiça no testemunho de Cristo Salvador" (*Centesimus Annus*, 5).

Como afirma o Concílio Vaticano II na constituição pastoral *Gaudium et Spes*, o problema da promoção humana não pode ser posto à margem da relação do homem com Deus (cf. nn. 43 e 45). De fato, contrapor a promoção autenticamente humana e o projeto de Deus sobre a humanidade é uma grave distorção, fruto de uma certa mentalidade de inspiração secularista. A genuína promoção humana há de respeitar sempre a verdade sobre Deus e a verdade sobre o homem, os direitos de Deus e os direitos do homem.

14. Vós, amados pastores, tocais de perto a situação angustiosa de tantos irmãos que carecem do mais necessário para uma vida autenticamente humana. Apesar do progresso registrado em alguns campos, persiste e inclusive cresce o fenômeno da pobreza. Os problemas agravam-se com a perda do poder aquisitivo da moeda, devido à inflação às vezes descontrolada, e da deterioração das relações de intercâmbio, com a conseqüente diminuição dos preços de certas matérias-primas e com o peso insuportável da dívida externa, da qual derivam desastrosas conseqüências sociais. A situação faz-se ainda mais dolorosa com o grave problema do crescente desemprego, que não permite levar o pão para o lar e impede o acesso a outros bens fundamentais (cf. *Laborem Exercens*, 18).

Sentindo vivamente a gravidade desta situação, não deixei de dirigir instantes apelos a favor de uma ativa, justa e urgente *solidariedade internacional*. É um dever de justiça que afeta toda a humanidade, mas sobretudo os países ricos que não podem eximir-se da sua responsabilidade para com os países em vias de desenvolvimento. Esta solidariedade é uma exigência do bem comum universal, que deve ser respeitado por todos os integrantes da família humana (cf. *Gaudium et Spes*, 26).

15. O mundo não pode ficar tranqüilo e satisfeito diante da situação caótica e desconcertante que se apresenta diante dos nossos olhos: nações, setores da população, famílias e indivíduos cada vez mais ricos e privilegiados diante de povos; famílias e multidões de pessoas submergidas na pobreza, vítimas da fome e das doenças, carentes de moradias dignas, de assistência sanitária, de acesso à cultura. Tudo isso é testemunho eloqüente de uma desordem real e de uma injustiça institucionalizada, à qual se somam, às vezes, o atraso em tomar medidas necessárias, a passividade e a imprudência, bem como a falta de uma séria moral administrativa. Diante de tudo isso, impõe-se uma "mudança de mentalidade de comportamentos e estruturas" (*Centesimus Annus*, 60), a fim de superar o abismo existente entre os países ricos e os países pobres (cf. *Laborem Exercens*, 16; *Centesimus Annus*, 14), bem como as profundas diferenças existentes entre cidadãos de um mesmo país. Numa palavra: é preciso fazer valer o novo *ideal de solidariedade* diante da falaz *vontade de dominar*.

Por outra parte, é desumana e falaz a solução que propõe a redução do crescimento demográfico, sem se importar com a moralidade dos meios usados para o conseguir. Não se trata de reduzir a todo custo o número de convidados no banquete da vida; o que é preciso é aumentar os meios de distribuir com maior justiça a riqueza, para que todos possam participar eqüitativamente dos bens da criação.

São necessárias soluções a nível mundial, instaurando uma verdadeira *economia de comunhão e participação de bens*, tanto na ordem internacional como nacional. A este respeito, um fator que pode contribuir notavelmente para superar os problemas urgentes que afetam hoje este continente é a *integração latino-americana*. É grave responsabilidade dos governantes favorecer o já iniciado processo de integração de alguns povos, cuja mesma geografia, a fé cristã, a língua e a cultura uniram definitivamente no caminho da história.

16. Em continuidade com as Conferências de Medellín e de Puebla, a Igreja reafirma a *opção preferencial pelos pobres*. Uma opção não exclusiva nem excludente, pois a mensagem da salvação está destinada a todos. "Uma opção, além disso, baseada essencialmente na Palavra de Deus e não em critérios retirados das ciências humanas ou em ideologias contrárias entre si, que freqüentemente reduzem os pobres em categorias sociopolítico-econômicas abstratas. Mas uma opção firme e irrevogável" (*Discurso aos cardeais e prelados da Cúria Romana*, 21 de dezembro de 1984, 9).

Como afirma o Documento de Puebla: "ao aproximar-nos do pobre para acompanhá-lo e servi-lo, fazemos o que Cristo nos ensinou, quando se fez irmão nosso, pobre como nós. Por isso o serviço dos pobres é medida privilegiada, embora não exclusiva, de nosso seguimento de Cristo. O melhor serviço ao irmão é a evangelização, que o dispõe a realizar-se como filho de Deus, liberta-o das injustiças e o promove integralmente" (*Puebla*, 1145). Tais critérios evangélicos de serviço ao necessitado evitarão qualquer tentação de conivência com os responsáveis das causas da pobreza, ou perigosos desvios ideológicos, incompatíveis com a doutrina e a missão da Igreja.

A genuína práxis de libertação há de estar sempre inspirada pela doutrina da Igreja, como se explica nas Instruções da Congregação para a Doutrina da Fé (*Libertatis Nuntius*, 1984, *Libertatis Conscientia*, 1986), que conservam todo o seu valor e devem ser tidas em conta quando se trata do tema das teologias de libertação. Por outro lado, a Igreja não pode deixar que lhe seja arrebatada, por qualquer ideologia ou corrente política, a *bandeira da justiça*, que é uma das primeiras exigências do Evangelho e, ao mesmo tempo, fruto da chegada do Reino de Deus.

17. Como já assinalou a Conferência de Puebla, existem grupos humanos particularmente submergidos na pobreza: é o caso dos índios (cf. n. 1265). A eles, e também aos afro-americanos, quis dirigir uma mensagem especial de solidariedade e de simpatia, que entregarei amanhã a um grupo de representantes de suas respectivas comunidades. Como gesto de solidariedade, a Santa Sé criou recentemente a *Fundação Populorum Progressio*, que dispõe de um fundo de ajuda a favor dos camponeses, dos índios e demais grupos humanos do setor rural, particularmente desprotegidos na América Latina.

Nesta mesma linha de solicitude pastoral pela situação das categorias sociais mais carentes, esta Conferência Geral poderia considerar a oportunidade de que, num futuro não remoto, possa realizar-se um encontro de representantes dos episcopados de todo o continente americano — que poderia ter também caráter sinodal —, visando incrementar a cooperação entre as diversas Igrejas particulares nos distintos campos da ação pastoral, e no qual, no âmbito da nova evangelização e como expressão da comunhão episcopal, se enfrentem também os problemas relativos à justiça e à solidariedade entre todas as nações da América. A Igreja, no limiar já do terceiro milênio da era cristã e numa época em que caíram muitas barreiras e fronteiras ideológicas, sente como um dever iniludível unir espiritualmente ainda mais todos os povos que formam este grande continente; e, ao mesmo tempo, a partir da missão religiosa que lhe é própria, incentivar um espírito solidário entre todos eles, que permita encontrar vias de solução para as dramáticas situações de amplos setores de populações, que aspiram a um legítimo progresso integral e a condições de vida mais justas e mais dignas.

18. Não existe autêntica promoção humana, nem verdadeira libertação, nem opção preferencial pelos pobres, se não se parte dos mesmos fundamentos da dignidade da pessoa e do ambiente em que ela deve desenvolver-se, de acordo com o projeto do Criador. Por isso, não posso não recordar, entre os temas e as opções que requerem toda a atenção da Igreja, *o da família e o da vida*: duas realidades que

vão estreitamente unidas, dado que "a família é o santuário da vida" (*Centesimus Annus*, 39). Com efeito, "o futuro da humanidade passa pela família! É, pois, indispensável e urgente que cada homem de boa vontade se empenhe em salvar e promover os valores e as exigências da família" (*Familiaris Consortio*, 86).

Apesar dos problemas que afligem atualmente o matrimônio e a instituição familiar, esta, como "célula primeira e vital da sociedade" (*Apostolicam Actuositatem*, 11), pode gerar energias formidáveis (cf. n. 43), necessárias para o bem da humanidade. Por isso, é preciso "anunciar com alegria e convicção a 'Boa-Nova' acerca da família" (cf. *Familiaris Consortio*, 86). É preciso anunciá-la aqui, na América Latina, onde, junto ao apreço que se tem pela família, alicerçada no matrimônio, proliferam, infelizmente, as uniões livres. Diante desse fenômeno e das crescentes pressões divorcistas, é urgente promover medidas adequadas a favor do núcleo familiar, em primeiro lugar para garantir a união da vida e do amor estável dentro do matrimônio, conforme o plano de Deus, bem como a serena educação dos filhos.

Em estreita conexão com os problemas apontados, está o grave problema das crianças que vivem permanentemente nas ruas das grandes cidades latino-americanas, extenuadas pela fome e pelas doenças, sem qualquer proteção, sujeitas a tantos perigos, não excluída a droga e a prostituição. Eis aqui outra questão que deve fazer urgir vossa solicitude pastoral, lembrando as palavras de Jesus: "Deixai que as crianças venham a mim" (Mt 19,14).

A vida, desde a sua concepção no seio materno até a sua natural conclusão, deve ser defendida com decisão e valentia. É necessário criar na América uma *cultura da vida* que freie a anticultura da morte, que através do aborto, da eutanásia, da guerra, da guerrilha, do seqüestro, do terrorismo e de outras formas de violência ou exploração, pretende dominar em algumas nações. Neste espectro de atentados à vida, ocupa um lugar de destaque o tráfico de entorpecentes, que há de ser reprimido com todos os meios lícitos à disposição.

19. Quem nos libertará destes sinais de morte? A experiência do mundo contemporâneo tem mostrado, cada vez mais, que as ideologias são incapazes de derrotar aquele mal que escraviza o homem. O único que pode libertar deste mal é Cristo. Ao celebrar o V Centenário da Evangelização, dirigimos, comovidos, nossos olhares para aquele

momento de graça em que Cristo nos foi dado de uma vez para sempre. A dolorosa situação de tantas irmãs e irmãos latino-americanos não nos leva ao desespero. Pelo contrário, torna mais urgente a tarefa que a Igreja tem diante de si: reavivar no coração de cada batizado a graça recebida. "Recomendo-te — escrevia são Paulo a Timóteo — que reanimes a graça de Deus, que está em ti" (2Tm 1,6).

Como da acolhida do Espírito no Pentecostes nasceu o povo da Nova Aliança, somente esta acolhida fará surgir um povo capaz de gerar homens renovados e livres, conscientes de sua dignidade. Não podemos esquecer que a promoção integral do homem é de importância capital para o desenvolvimento dos povos da América Latina. Pois "o progresso de um povo não deriva primariamente do dinheiro, nem dos auxílios materiais, nem das estruturas técnicas", mas sobretudo da formação das consciências, do amadurecimento das mentalidades e dos costumes. *O homem é que é o protagonista do desenvolvimento*, não o dinheiro ou a técnica" (*Redemptoris Missio*, 58). A maior riqueza da América Latina são suas gentes. A Igreja, "despertando as consciências com o Evangelho", contribui para despertar as energias adormecidas, a fim de dispô-las a trabalhar na construção de uma nova civilização (cf. ibid.).

IV. Cultura cristã

20. Embora o Evangelho não se identifique com nenhuma cultura em particular, deve sim inspirá-las para, desta maneira, transformá-las a partir de dentro, enriquecendo-as com aqueles valores cristãos que derivam da fé. Na verdade, a evangelização das culturas representa a forma mais profunda e global de evangelizar uma sociedade, porque, através dela, a mensagem de Cristo penetra nas consciências das pessoas e se projeta no "ethos" de um povo, nas atitudes vitais, nas suas instituições e em todas as estruturas (cf. *Discurso aos intelectuais e ao mundo universitário*, Medellín, 5 de julho de 1986, 2).

O tema "cultura" foi objeto de particular estudo e reflexão por parte do CELAM, nos últimos anos. Também a Igreja inteira concentra a sua atenção sobre esta importante matéria, "já que a *nova evangelização* deverá projetar-se sobre a cultura 'emergente', sobre todas as culturas, inclusive as culturas indígenas" (cf. *Angelus*, 28 de junho de 1992).

Anunciar Jesus Cristo a todas as culturas é a preocupação central da Igreja e objeto de sua missão. Nos nossos dias, isto exige, em primeiro lugar, o discernimento das culturas como realidade humana a evangelizar e, conseqüentemente, a urgência de um novo tipo e alto nível de colaboração entre todos os responsáveis pela obra evangelizadora.

21. Hoje em dia percebe-se uma crise cultural de proporções inimagináveis. Certo é que o substrato cultural atual apresenta um bom número de valores positivos, muitos deles fruto da evangelização e que são perfeitamente compatíveis com o Evangelho; ao mesmo tempo, porém, foram eliminados valores religiosos fundamentais e introduzidas concepções insidiosas, que são inaceitáveis sob o ponto de vista cristão.

A ausência desses valores fundamentais cristãos na cultura moderna não apenas tem ofuscado a dimensão transcendente, arrastando muitas pessoas para a indiferença religiosa — também na América Latina —, mas é ainda causa determinante do desencanto social, no qual se gerou a crise desta cultura. Após a autonomia introduzida pelo racionalismo, tende-se hoje a assentar os valores sobretudo em consensos sociais subjetivos que, não raro, conduzem a posições contrárias, inclusive à própria ética natural. Pense-se no drama do aborto, nos abusos no âmbito da engenharia genética, nos atentados à vida e à dignidade da pessoa.

Em face da pluralidade de opções que hoje se oferecem, requer-se uma profunda renovação pastoral, mediante o *discernimento evangélico* sobre os valores dominantes, as atitudes, os comportamentos coletivos, que freqüentemente representam um fator decisivo para optar tanto pelo bem como pelo mal. Nos nossos dias, tornam-se necessários um esforço e um tato especial para inculturar a mensagem de Jesus, de tal modo que os valores cristãos possam transformar os diversos núcleos culturais, purificando-os, se necessário for, e possibilitando a consolidação de uma *cultura cristã* que renove, amplie e unifique os valores históricos, passados e presentes, para assim responder de modo adequado aos desafios do nosso tempo (cf. *Redemptoris Missio*, 52). Um destes desafios à evangelização é intensificar o diálogo entre as ciências e a fé, em ordem a criar um verdadeiro humanismo cristão. Trata-se de mostrar que as ciências e a técnica contribuem para a civilização e a humanização do mundo, na medida em que estão penetradas pela sabedoria de Deus. A este propósito, desejo encorajar vivamente as universidades e centros de estudos superiores, especialmente os que dependem da Igreja, a renovar o seu empenho no diálogo entre fé e ciência.

22. A Igreja vê com preocupação a ruptura existente entre os valores evangélicos e as culturas modernas, pois estas correm o risco de fechar-se dentro de si mesmas, numa espécie de involução agnóstica e sem referência à dimensão moral (cf. *Discurso ao Pontifício Conselho para a Cultura*, 18 de janeiro de 1983). A este respeito, conservam pleno vigor as palavras do papa Paulo VI: "A ruptura entre o Evangelho e a cultura é sem dúvida o drama da nossa época, como o foi também de outras épocas. Assim, importa envidar todos os esforços no sentido de uma generosa evangelização da cultura, ou mais exatamente das culturas. Estas devem ser regeneradas mediante o impacto da Boa-Nova" (*Evangelii Nuntiandi*, 20).

A Igreja, que considera o homem como seu "caminho" (cf. *Redemptor Hominis*, 14), há de dar uma resposta adequada à atual crise da cultura. Diante do complexo fenômeno da modernidade, é necessário dar vida a uma alternativa cultural plenamente cristã. Se a verdadeira cultura é a que exprime os valores universais da pessoa, quem pode projetar mais luz sobre a realidade do homem, sobre a sua dignidade e razão de ser, sobre a sua liberdade e destino do que o Evangelho de Cristo?

Neste marco histórico do meio milênio da evangelização dos nossos povos, convido-vos, pois, queridos irmãos, a que, com o ardor da nova evangelização, animados pelo Espírito do Senhor Jesus, torneis a Igreja presente na encruzilhada cultural do nosso tempo, para impregnar com os valores cristãos as próprias raízes da cultura emergente e de todas as culturas já existentes. Particular atenção haveis de prestar às *culturas indígenas e afro-americanas*, assimilando e pondo em relevo tudo o que nelas há de profundamente humano e humanizador. A sua visão de vida, que reconhece a sacralidade do ser humano e do mundo, o seu respeito profundo pela natureza, a humildade, a simplicidade, a solidariedade são valores que hão de estimular o esforço por levar a cabo uma autêntica evangelização inculturada, que seja também promotora de progresso e conduza sempre à adoração de Deus "em espírito e verdade" (Jo 4,23). Mas o reconhecimento dos ditos valores não vos exime de proclamar em todo momento que "Cristo é o único salvador de todos, o único capaz de revelar e de conduzir a Deus" (*Redemptoris Missio*, 5).

"A evangelização da cultura é um esforço por compreender as mentalidades e as atitudes do mundo atual e iluminá-las a partir do Evangelho. É a vontade de chegar a todos os níveis da vida humana, para torná-la mais digna" (*Discurso ao mundo da cultura*, Lima, 15 de maio de 1988, 5). Porém este esforço de compreensão e iluminação deve ser sempre acompanhado pelo anúncio da Boa-Nova (cf. *Redemptoris Missio*, 46), de tal maneira que a penetração do Evangelho nas culturas *não seja uma simples adaptação externa, mas um processo profundo e abrangente* que englobe tanto a mensagem cristã como a reflexão e a práxis da Igreja, respeitando sempre as características e a integridade da fé (cf. ibid., 52).

23. Sendo a comunicação entre as pessoas um admirável elemento gerador de cultura, os modernos *meios de comunicação social* possuem neste campo uma importância de primeira grandeza. Intensificar a presença da Igreja no mundo da comunicação há de ser certamente uma das vossas prioridades. Vêm-me à mente as graves palavras do meu venerado predecessor, o papa Paulo VI: "A Igreja viria a sentir-se culpável diante do seu Senhor, se ela não lançasse mão destes meios potentes que a inteligência humana torna cada dia mais aperfeiçoados" (*Evangelii Nuntiandi*, 45).

Por outro lado, ocorre também vigiar sobre o uso dos meios de comunicação social *na educação da fé e na difusão da cultura religiosa*. Uma responsabilidade que compete sobretudo às casas editoriais, dependentes de Instituições católicas, que devem "ser objeto de particular solicitude por parte dos ordinários locais, para que as suas publicações sejam sempre conformes à doutrina da Igreja e contribuam eficazmente para o bem das almas" (*Instrução sobre alguns aspectos do uso dos instrumentos de comunicação social na promoção da doutrina da fé*, 15,2).

Exemplos de inculturação do Evangelho, são também certas manifestações socioculturais, que se estão levantando em defesa do homem e do seu ambiente, e que têm de ser iluminadas pela luz da fé. É o caso do *movimento ecológico* a favor do respeito devido à natureza e contra a exploração desordenada dos seus recursos, com a conseqüente deterioração da qualidade de vida. A convicção de que "Deus destinou a terra com tudo o que ela contém para uso de todos os homens e povos" (*Gaudium et Spes*, 69) há de inspirar um sistema de gestão dos recursos mais justo e melhor coordenado a nível mundial. A Igreja faz sua a preocupação pelo meio ambiente e convida os governos a protegerem este patrimônio, segundo os critérios do bem comum (cf. *Mensagem para a XXV Jornada Mundial da Paz*, 1º de janeiro de 1992).

24. O desafio que representa a cultura "emergente" não enfraquece, no entanto, nossa esperança, e damos graças a Deus porque na América Latina o dom da fé católica penetrou no âmago dos seus povos, contornando nestes 500 anos a alma cristã do continente e inspirando muitas das suas instituições. De fato, a Igreja na América Latina conseguiu impregnar a *cultura do povo*, soube situar a mensagem evangélica na base do seu pensamento, nos seus princípios fundamentais de vida, nos seus critérios de juízo, nas suas normas de ação.

Agora nos é apresentado o desafio formidável da *contínua inculturação* do Evangelho nos vossos povos, tema que tereis de abordar com clarividência e profundidade, durante os próximos dias. A América Latina, em *Santa Maria de Guadalupe*, oferece um grande exemplo de evangelização perfeitamente inculturada. De fato, na figura de Maria — desde os começos da cristianização do Novo Mundo, e à luz do Evangelho de Jesus — encarnaram-se autênticos valores culturais indígenas. No rosto mestiço da Virgem de Tepeyac se resume o grande princípio da inculturação: a íntima transformação dos autênticos valores culturais, mediante a integração no cristianismo e o enraizamento do cristianismo nas várias culturas (cf. *Redemptoris Missio*, 52).

V. UMA NOVA ERA SOB O SIGNO DA ESPERANÇA

25. Eis aqui, queridos irmãos e irmãs, alguns dos desafios que se apresentam à Igreja nesta hora da nova evangelização. Diante deste panorama cheio de interrogações, mas também repleto de promessas, devemos perguntar-nos *qual é o caminho* que deve seguir a Igreja na América Latina, para que sua missão dê, na próxima etapa de sua história, os frutos que espera o Dono da messe (cf. Lc 10,2; Mc 4,20). Vossa Assembléia deverá delinear a fisionomia de uma Igreja viva e dinâmica que cresce na fé, se santifica, ama, sofre, se compromete e espera em seu Senhor, como nos lembra o Concílio Ecumênico Vaticano II, ponto de referência obrigatório na vida e na missão de todo pastor (cf. *Gaudium et Spes*, 2).

A tarefa que vos espera nos próximos dias é árdua, mas *está marcada pelo signo da esperança que vem de Cristo ressuscitado*. Vossa missão é a de serdes arautos da esperança, de que nos fala o apóstolo Pedro (cf. 1Pd 3,15): esperança que se apóia nas promessas de Deus, na fidelidade à sua Palavra e que tem como certeza inquebrantável a *ressurreição de Cristo*, sua vitória definitiva sobre o pecado e a morte, primeiro anúncio e raiz de toda evangelização, fundamento de toda promoção humana, princípio de toda autêntica cultura cristã, que não pode deixar de ser a cultura da ressurreição e da vida, vivificada pelo sopro do Espírito Santo de Pentecostes.

Amados irmãos no episcopado, na unidade da Igreja local, que tem origem na Eucaristia, encontra-se todo o colégio episcopal com o sucessor de Pedro à frente, como pertencendo à própria essência da Igreja particular (cf. *Carta da Congregação para a Doutrina da Fé sobre alguns aspectos da Igreja entendida como comunhão*, 14). Em torno do bispo e em perfeita comunhão com ele, devem florescer as paróquias e as comunidades cristãs, como células vivas e pujantes de vida eclesial. Por isso, a nova evangelização requer uma vigorosa renovação de toda a vida diocesana. As paróquias, os movimentos apostólicos e associações leigas, e todas as comunidades eclesiais em geral, hão de ser sempre evangelizados e evangelizadores. De modo particular, as *comunidades eclesiais de base* devem se caracterizar por uma decidida projeção universalista e missionária, que lhes infunda um renovado dinamismo apostólico (cf. *Evangelii Nuntiandi*, 58; *Puebla*, 640-642). Elas, que devem estar sempre marcadas por uma clara identidade eclesial, hão de ter na Eucaristia, a que preside o sacerdote, o centro da vida e da comunhão dos seus membros, em estreita união com os seus pastores e em plena sintonia com o magistério da Igreja.

26. Condição indispensável para a nova evangelização é poder contar com evangelizadores numerosos e qualificados. Por isso, a *promoção das vocações sacerdotais e religiosas*, bem como de outros agentes de pastoral, há de ser uma prioridade dos bispos e um compromisso de todo o Povo de Deus. É preciso dar, em toda a América Latina, um impulso decisivo à pastoral vocacional e enfrentar, com critérios acertados e com esperança, o que se relacionar com os seminários e centros de formação dos religiosos e religiosas, bem como com o problema da formação permanente do clero e de uma melhor distribuição

dos sacerdotes entre as diversas Igrejas locais, em que se deve ter em conta também o apreciável trabalho dos diáconos permanentes. Para tudo isto, existem orientações apropriadas na exortação apostólica pós-sinodal *Pastores Dabo Vobis*.

No que diz respeito aos religiosos e às religiosas, que na América Latina levam o peso de uma parte considerável da ação pastoral, desejo mencionar a carta apostólica *Os caminhos do Evangelho*, que lhes dirigi com data de 29 de junho de 1990. Também quero lembrar aqui os *institutos seculares*, com sua pujante vitalidade no meio do mundo, e os membros das *sociedades de vida apostólica*, que desenvolvem uma grande atividade missionária.

Na hora presente, os membros dos institutos de vida consagrada e das sociedades de vida apostólica, tanto masculinos como femininos, devem concentrar-se mais na tarefa especificamente evangelizadora, desenvolvendo toda a riqueza de iniciativas e tarefas pastorais que brotam de seus diversos carismas. Fiéis ao espírito de seus fundadores, devem caracterizar-se por um profundo sentido de Igreja e pelo testemunho de uma estreita colaboração e submissão na pastoral, cuja direção compete aos ordinários das dioceses e, a nível nacional, às conferências episcopais.

Como recordei na minha *Carta às contemplativas da América Latina* (12 de dezembro de 1989), a ação evangelizadora da Igreja está sustentada por esses *santuários da vida contemplativa*, tão numerosos em toda a América, que constituem um testemunho da radicalidade da consagração a Deus, que tem de ocupar sempre o primeiro lugar em nossas opções.

27. Na exortação apostólica pós-sinodal *Christifideles Laici* sobre "vocação e missão dos leigos na Igreja", quis pôr em particular evidência que na "grande, comprometedora e magnífica empresa" da nova evangelização é indispensável o trabalho dos leigos, especialmente dos catequistas e "delegados da Palavra". A Igreja espera muito de todos aqueles leigos que, com entusiasmo e eficácia evangélica, agem através dos novos *movimentos apostólicos*, que hão de estar coordenados na pastoral de conjunto e que respondem à necessidade de uma maior presença da fé na vida social. Nesta hora em que convoquei todos para trabalhar com ardor apostólico na vinha do Senhor, sem que

ninguém ficasse excluído, "os *fiéis leigos* devem sentir-se parte viva e responsável desta tarefa, chamados como são a anunciar e a viver o Evangelho ao serviço dos valores e das exigências das pessoas e da sociedade" (n. 64). Digna de todo elogio, como transmissora da fé, é a *mulher latino-americana*, cujo papel na Igreja e na sociedade deve ser posto na devida evidência (cf. carta apostólica *Mulieris Dignitatem*). Particular solicitude pastoral deve-se prestar aos *doentes*, tendo em vista também a força evangelizadora do sofrimento (cf. carta apostólica *Salvifici Doloris*, sobre o sentido cristão do sofrimento humano, 11 de fevereiro de 1984).

Lanço um apelo especial aos *jovens* da América Latina. Por um lado, eles — tão numerosos num continente jovem — são os sujeitos da nova evangelização, mas deverão ser, além disso, os protagonistas do anúncio no novo milênio, já à porta. Eles são os jovens a quem temos de apresentar Jesus Cristo e a beleza da vocação cristã, mas são também aqueles a quem há que libertar das ilusões do consumismo e sobretudo oferecer-lhes ideais altos e nobres, que os apóiem nas suas aspirações de uma sociedade mais justa e fraterna.

28. Todos são chamados a construir a civilização do amor neste continente da esperança. Mais ainda, a América Latina, que recebeu a fé transmitida pelas Igrejas do Velho Mundo, tem de preparar-se para difundir a mensagem de Cristo pelo mundo inteiro, dando "da sua pobreza" (cf. *Mensagem aos III e IV Congressos Missionários Latino-Americanos*, Santa Fé de Bogotá, 1987, e Lima, 1991). "Chegou o momento de empenhar todas as forças eclesiais na nova evangelização e na missão *ad gentes*. Nenhum crente em Cristo, nenhuma instituição da Igreja pode se esquivar deste dever supremo: anunciar Cristo a todos os povos" (*Redemptoris Missio*, 3). Este momento chegou também para a América Latina. *É dando a fé que ela se fortalece!* A nova evangelização dos povos cristãos, também nas Igrejas da América, encontrará inspiração e apoio no empenho pela missão universal (ibid., 2). Para a América Latina, que recebeu Cristo já há 500 anos, o maior sinal de agradecimento pelo dom recebido, e da sua vitalidade cristã, é empenhar-se ela mesma na missão.

29. Amados irmãos no episcopado, como sucessores dos Apóstolos, deveis dedicar todo o desvelo à vossa grei, "no meio da qual vos colocou

o Espírito Santo para apascentardes a Igreja de Deus" (At 20,28). Por outro lado, como membros do colégio episcopal, em estreita unidade afetiva e efetiva com o sucessor de Pedro, sois chamados a conservar a comunhão e a solicitude por toda a Igreja. E nesta circunstância, como membros da IV Conferência Geral do Episcopado Latino-Americano, incumbe-vos uma responsabilidade histórica.

Em virtude da mesma fé, da Palavra revelada, da ação do Espírito e por meio da Eucaristia à qual preside o bispo, a Igreja particular mantém com a Igreja universal uma peculiar relação de mútua interioridade, porque nela se encontra e opera verdadeiramente a Igreja de Cristo que é una, santa, católica e apostólica (cf. *Christus Dominus*, 11). Nela deve resplandecer a *santidade de vida*, a que todo evangelizador é chamado, dando testemunho de uma intensa vivência do mistério de Jesus Cristo, sentido e experimentado fortemente na Eucaristia, na escuta assídua da Palavra, na oração, no sacrifício, na entrega generosa ao Senhor, que nos sacerdotes e demais pessoas consagradas se exprime de modo especial pelo celibato.

Não se pode esquecer que a primeira forma de evangelização é *o testemunho* (cf. *Redemptoris Missio*, 42-43), isto é, a proclamação da mensagem da salvação através das obras e da coerência de vida, levando assim a cabo a sua encarnação na história cotidiana dos homens. A Igreja, desde o princípio de sua história, fez-se presente e operante não apenas mediante o anúncio explícito do evangelho de Cristo, mas também, e sobretudo, através da irradiação da vida cristã. Por isso, a nova evangelização exige coerência de vida, testemunho sólido e unitário de caridade, sob o signo da unidade, para que o mundo creia (cf. Jo 17,23).

30. Jesus Cristo, testemunha fiel, o pastor dos pastores, está no vosso meio, pois vos reunistes em seu nome (cf. Mt 18,20). Conosco está o Espírito do Senhor que guia a Igreja para a plenitude da verdade e a rejuvenesce com a Palavra do Evangelho, como em novo Pentecostes.

Na comunhão dos santos, vela sobre vossos trabalhos uma plêiade de santos e santas latino-americanos, que evangelizaram este continente com sua palavra e suas virtudes, e muitos deles o fecundaram com seu sangue. Eles são os frutos mais excelsos da evangelização.

Como no cenáculo de Pentecostes, acompanha-vos a mãe de Jesus, a mãe da Igreja; sua presença entranhável em todos os rincões da América

Latina e nos corações de seus filhos é garantia do sentido profético e do ardor evangélico que deve acompanhar vossos trabalhos.

31. "Bem-aventurada és tu que acreditaste, porque se hão de cumprir as coisas que da parte do Senhor te foram ditas" (Lc 1,45). Estas palavras, que Isabel dirige a Maria, portadora de Cristo, são aplicáveis à Igreja, da qual a mãe do Redentor é tipo e modelo. Feliz és tu, América, Igreja da América, portadora de Cristo também, que recebeste o anúncio da salvação e crês "nas coisas que te foram ditas da parte do Senhor!". A fé é a tua ventura, a fonte da tua alegria. Felizes vós, homens e mulheres da América Latina, adultos e jovens, que conhecestes o Redentor! Junto com toda a Igreja e com Maria, podeis dizer que o Senhor "pôs seus olhos na humildade de sua serva" (Lc 1,48). Felizes vós, os pobres da terra, porque chegou para vós o Reino de Deus!

"O que o Senhor te disse se cumprirá". Sê fiel ao teu batismo, reaviva neste centenário a imensa graça recebida, dirige teu coração e teu olhar ao centro, à origem, àquele que é o fundamento de toda felicidade, a plenitude de tudo! Abre-te a Cristo, acolhe o Espírito, para que em todas as tuas comunidades tenha lugar um novo Pentecostes! E surgirá de ti uma humanidade nova, bem-aventurada; e experimentarás de novo o braço poderoso do Senhor, e "o que o Senhor te disse se cumprirá". O que te disse, América, é seu amor por ti, é seu amor pelos teus homens, por tuas famílias, pelos teus povos. E esse amor se cumprirá em ti, e te encontrarás de novo a ti mesma, encontrarás teu rosto, "te proclamarão bem-aventurada todas as gerações" (Lc 1,48).

Igreja da América, o Senhor passa hoje ao teu lado. Chama-te. Nesta hora de graça, pronuncia de novo teu nome, renova sua aliança contigo. Oxalá ouças hoje sua voz, para que conheças a verdadeira e plena felicidade, e entres em seu descanso! (cf. Sl 94,7.11).

Terminemos invocando Maria, a *estrela da primeira e da nova evangelização*. A ela, que sempre esperou, confiamos nossa esperança. Em suas mãos, colocamos nossos cuidados pastorais e todos os trabalhos desta conferência, encomendando a seu coração de mãe o êxito e a projeção da mesma sobre o futuro do continente. Que ela nos ajude a anunciar seu Filho:

"Jesus Cristo ontem, hoje e sempre!"

Amém!

Apresentação

Cumprimos com alegria o dever de transmitir o Documento de Santo Domingo ao povo de Deus que peregrina na América Latina e no Caribe.

É o fruto esperançoso da IV Conferência Geral do Episcopado Latino-Americano, celebrada no último mês de outubro.

Esta conferência, convocada, inaugurada e presidida pelo santo padre João Paulo II, trabalhou em cálida e profunda comunhão com o vigário de Cristo, cujo discurso inaugural constituiu o ponto fundamental de referência e de convergência para a pastoral que desta Conferência tomaram parte.

É bom lembrar que a IV Conferência foi celebrada depois de 37 anos daquela do Rio de Janeiro, 24 depois da de Medellín e 12 depois da de Puebla.

Os pastores reunidos em Santo Domingo acolhem e atualizam a rica herança do passado, num maravilhoso momento: isto é, quando se recordam os primeiros 500 anos de evangelização do continente e quando finda um milênio cristão e inicia outro. Também quando nossos povos, duramente afligidos por diversos problemas, esperam da Igreja uma palavra de esperança.

O Documento de Santo Domingo quer ser isto: uma palavra de esperança, um instrumento eficaz para uma nova evangelização, uma mensagem renovada de Jesus Cristo, fundamento da promoção humana e princípio de uma autêntica cultura cristã.

As conclusões de Santo Domingo não foram improvisadas. Será preciso lê-las com a tríplice temática apontada pelo Santo Padre e no contexto de uma grande e fecunda preparação consignada nas contribuições das conferências episcopais e nos numerosos livros publicados pelo CELAM.

Juntamente com as conclusões de Santo Domingo aparecem, aqui, outros importantes documentos:

- O discurso inaugural do Santo Padre e a carta que autoriza a publicação do documento.
- Mensagens do papa: uma aos indígenas, outra aos afro-americanos.
- A mensagem da IV Conferência aos Povos da América Latina e do Caribe.

Na revisão feita pela Santa Sé ao texto entregue em Santo Domingo, foram feitas apenas algumas correções de estilo e algumas breves modificações de redação, a fim de esclarecer melhor alguma expressão.

Fica entregue às conferências episcopais e às Igrejas particulares da nossa América este novo instrumento pastoral, com os elementos para um plano global de evangelização. Nele poderão encontrar os desafios e as linhas pastorais que mais correspondam às suas exigências concretas.

Que Maria, Mãe da Igreja e Rainha do nosso continente, ilumine o caminho que agora nossa América empreende até a uma nova evangelização, a qual se concretize num maior compromisso pela promoção integral do homem e impregne com a luz do Evangelho as culturas dos povos latino-americanos.

† NICOLAS DE JESUS, CARDEAL LOPEZ RODRIGUEZ
  Arcebispo Metropolitano de Santo Domingo e Primaz da América
  Presidente do CELAM

† JUAN JESUS, CARDEAL POSADAS OCAMPO
  Arcebispo de Guadalajara
  Primeiro Vice-presidente do CELAM

† TULIO MANUEL CHIRIVELLA VARELA
  Arcebispo de Barquisimeto
  Segundo Vice-presidente do CELAM

† OSCAR ANDRES RODRIGUEZ MARADIAGA, S.D.B.
Bispo auxiliar de Tegucigalpa
Presidente do Comitê econômico do CELAM

† RAYMUNDO DAMASCENO ASSIS
Bispo auxiliar de Brasília
Secretário-geral do CELAM

> Santa Fé de Bogotá, novembro de 1992.
> Festa de Jesus Cristo, Rei do Universo

Mensagem da IV Conferência aos povos da América Latina e do Caribe

I. Apresentação

1. Convocados pelo santo padre João Paulo II para a IV Conferência Geral do Episcopado Latino-Americano e presididos por ele, em sua inauguração, nos reunimos em Santo Domingo, representantes dos episcopados da América Latina, Caribe e colaboradores do papa na Cúria Romana. Estavam presentes, também, outros bispos convidados de diversas partes do mundo e igualmente sacerdotes, diáconos, religiosos, religiosas e leigos, assim como observadores pertencentes a outras Igrejas cristãs.

2. Uma significativa efeméride sugeriu a data da IV Conferência: os 500 anos de início da evangelização do novo mundo. Desde então, a Palavra de Deus fecundou as culturas de nossos povos, chegando a ser parte integrante de sua história. Por isso, após uma longa preparação que incluiu uma novena de anos, inaugurada aqui mesmo em Santo Domingo pelo Santo Padre, a saber, com a humildade da verdade, dando graças a Deus pelas muitas e grandes luzes, e pedindo perdão pelas inegáveis sombras que cobriram este período.

3. A IV Conferência Geral do Episcopado Latino-Americano quis marcar as linhas-mestras de um novo impulso evangelizador, que ponha Cristo no coração e nos lábios, na ação e na vida de todos os latino-americanos. Nossa tarefa é esta: fazer com que a verdade sobre Cristo, a Igreja e o homem penetre mais profundamente em todos os

estratos da sociedade, buscando sua progressiva transformação. A NOVA EVANGELIZAÇÃO foi a idéia central de todo o nosso trabalho.

4. Nossa reunião está em estreita relação e continuidade com as anteriores da mesma natureza: a primeira, celebrada no Rio de Janeiro em 1955; a seguinte, em Medellín em 1968, e a terceira, em Puebla em 1979. Reassumimos plenamente as opções que marcaram aqueles encontros e encarnaram suas conclusões mais substanciais.

5. Estes eventos constituem uma inevitável experiência eclesial na qual procede um rico magistério episcopal, útil às Igrejas e à sociedade de nosso continente. A esse magistério soma-se, agora, o dinamismo evangelizador que emerge da presente reunião, e que oferecemos com humildade e alegria a nossos povos.

6. A presença maternal da Virgem Maria, profundamente unida à fé cristã na América Latina e Caribe, tem sido sempre, especialmente em nossos dias, guia de nossos caminhos de fé, alento em nossos trabalhos e estímulo diante dos desafios pastorais de hoje.

II. América Latina e o Caribe:
ENTRE O TEMOR E A ESPERANÇA

7. Grandes maiorias de nossos povos padecem condições dramáticas em suas vidas. É o que temos constatado em nossas ações pastorais diárias e expressamos com clareza em muitos documentos. Assim, quando suas dores se transformam em clamor, fazemos nossos os sentimentos de Moisés ao ouvir o que o próprio Deus lhe disse: "Vi a miséria de meu povo, ouvi o seu clamor. Conheço suas angústias. Por isso, desci a fim de libertá-lo e para fazê-lo subir a "uma terra espaçosa e fértil" (cf. Ex 3,7-8).

8. Essas condições poderiam questionar nossa esperança. No entanto, a ação do Espírito Santo nos proporciona um motivo vigoroso e sólido para esperar: a fé em Jesus Cristo, morto e ressuscitado, que cumpre sua promessa de estar sempre conosco (cf. Mt 28,20). Esta fé no-lo mostra atento e solícito a toda necessidade humana. Nós, seus seguidores, buscamos realizar o que ele fez e ensinou: assumir a dor da humanidade e agir para que ela se converta em caminho de redenção.

9. Nossa esperança seria vã se não fosse atuante e eficaz. Falaz seria a mensagem de Jesus Cristo se permitisse uma dissociação en-

tre o crer e o agir. Exortamos aos que sofrem a abrir seus corações à mensagem de Jesus, que tem o poder de dar um sentido novo às suas vidas e sofrimentos. A fé, unida à esperança e à caridade no exercício da atividade apostólica, deve traduzir-se em "terra espaçosa e fértil" para aqueles que hoje sofrem na América Latina e Caribe.

10. A hora presente nos faz evocar o episódio evangélico do paralítico que estava há 38 anos junto à piscina, porém, não tinha quem o introduzisse nela. Nossa missão evangelizadora quer atualizar a palavra de Jesus ao homem inválido: "Levanta-te, toma teu leito e anda" (cf. Jo 5,1-8).

11. Desejamos transformar nossas lides evangelizadoras em ações concretas que tornem possível às pessoas superar seus problemas e provações — tomar seus leitos e caminhar — sendo protagonistas de suas próprias vidas, a partir do encontro salvífico com o Senhor.

III. UMA ESPERANÇA QUE SE CONCRETIZA EM MISSÃO

1. A nova evangelização

12. Desde a visita do Santo Padre a Haiti, em 1983, sentimo-nos impulsionados a uma renovada e mais eficaz ação pastoral em nossas Igrejas particulares. A esse projeto global, que revela um novo Pentecostes, dá-se o nome de nova evangelização (cf. *Discurso inaugural*, João Paulo II, 6 e 7).

13. O encontro de Jesus com os discípulos de Emaús, relatado pelo evangelista Lucas, apresenta-nos o sinal do Senhor ressuscitado, anunciando a Boa-Nova. Pode ser também um modelo da nova evangelização.

2. Jesus Cristo ontem, hoje e sempre: Jesus sai ao encontro da humanidade que caminha (Lc 24,13-17)

14. Enquanto os discípulos de Emaús, decepcionados e tristes, caminhavam de volta à sua aldeia, o Mestre aproximou-se deles para acompanhá-los em seu caminho. Jesus busca as pessoas e caminha com elas para assumir-lhes as alegrias e esperanças, as dificuldades e tristezas da vida.

15. Hoje, também, nós como pastores da Igreja na América Latina e Caribe, fiéis ao Divino Mestre, renovamos sua atitude de proximidade e acompanhamento a todos os nossos irmãos e irmãs; proclamamos o valor e a dignidade de cada pessoa, e procuramos iluminar com a fé sua história, seu caminho e cada dia. Este é um elemento fundamental da nova evangelização.

3. Promoção humana: Jesus compartilha o caminho dos seres humanos (Lc 24,17-24)

16. Jesus não somente se aproxima dos caminhantes. Vai mais além: faz-se caminho para eles (cf. Jo 14,6), penetra na vivência profunda da pessoa, em seus sentimentos, em suas atitudes. Por meio de um diálogo simples e direto, conhece suas preocupações imediatas. O mesmo Cristo Ressuscitado acompanha os passos, as aspirações e buscas, os problemas e dificuldades dos seus discípulos, quando estes se dirigem à sua aldeia.

17. Aqui, Jesus põe em prática com seus discípulos o que, um dia, ensinara a um doutor da lei: as feridas e os gemidos do homem moribundo, caído à beira do caminho, constituem as urgências do próprio caminhar (cf. Lc 10,25-37). A parábola do bom samaritano coloca-nos diretamente diante de todos os nossos irmãos, especialmente os pecadores, pelos quais Jesus derramou seu sangue. Lembramos, particularmente, todos os que sofrem: os enfermos, os anciãos que vivem na solidão, os meninos abandonados. Olhamos, também, os que são vítimas de injustiça: os marginalizados, os mais pobres, os moradores das periferias das grandes cidades, os indígenas e afro-americanos, os camponeses, os sem-terra, os desempregados, os sem-moradia, as mulheres privadas de seus direitos. Interpelam-nos, ainda, outras formas de opressão: a violência, a pornografia, o tráfico e o uso de drogas, o terrorismo, o seqüestro de pessoas e muitos outros problemas cruciais.

4. A cultura: Jesus ilumina com as Escrituras o caminho dos homens (Lc 24,25-28)

18. A presença do Senhor não se esgota numa simples solidariedade humana. O drama interior era que haviam perdido toda esperança.

Seu desencanto foi superado com a explicação das Escrituras. A Boa-Nova que ouviram de Jesus transmitia a mensagem recebida do Pai.

19. Explicando-lhes as Escrituras, Jesus corrige os erros de um messianismo puramente temporal e de todas as ideologias que escravizam o homem. Explicando-lhes as Escrituras, ilumina sua situação e lhes abre horizontes de esperança.

20. O caminho que Jesus percorre com seus discípulos está marcado com rastros dos desígnios de Deus sobre cada uma das criaturas e sobre a vida humana.

21. Exortamos a todos os agentes pastorais a aprofundar-se no estudo e na meditação da Palavra de Deus para poder vivê-la e transmiti-la aos demais, com fidelidade.

22. Reiteramos a necessidade de encontrar novos métodos para que cheguem aos construtores da sociedade pluralista as exigências éticas do Evangelho, sobretudo na ordem social. A doutrina social da Igreja faz parte essencial da mensagem cristã. Seu ensinamento, difusão, aprofundamento e aplicação são exigências imprescindíveis para a nova evangelização de nossos povos.

5. Um novo ardor: Jesus se dá a conhecer na fração do pão (Lc 24,28-32)

23. A explicação da Escritura, porém, não foi suficiente para abrir-lhes os olhos e fazê-los ver a realidade a partir da perspectiva da fé. É certo que fez arder seus corações, mas o gesto definitivo, para que pudessem reconhecê-lo vivo e ressuscitado dentre os mortos, foi o sinal concreto do partir o pão.

24. Em Emaús abriu-se um lar para um peregrino. Cristo revelou sua intimidade aos companheiros de caminhada e, estes, em sua atitude de partilha, reconheceram aquele que, durante sua vida, não fez outra coisa a não ser doar-se aos irmãos, e que confirmou com sua morte na cruz a entrega de toda a sua vida.

25. Concluídos estes dias de oração e de reflexão, retornamos aos lares, que são nossas Igrejas particulares, para partilhar com os irmãos, com quem construímos o cotidiano da vida, de maneira especial com quem participa mais de perto do nosso ministério: nossos presbíteros e

diáconos, aos quais desejamos expressar um particular afeto e gratidão. Que a celebração eucarística inflame sempre mais seus corações para levar à prática a nova evangelização, a promoção humana e a cultura cristã.

6. Missão: Jesus é anunciado pelos discípulos (Lc 24,33-35)

26. O encontro entre o Mestre e os discípulos terminou. Jesus desaparece de sua vista. Porém, impulsionados por um novo ardor, eles saem alegres para sua tarefa missionária. Deixam a aldeia e vão em busca dos outros discípulos. A vivência da fé se realiza em comunidade. Por isso, os discípulos retornam a Jerusalém para encontrar-se com seus irmãos e comunicar-lhes o encontro com o Senhor. A partir da fé, vivida em comunidade, eles se tornam anunciadores de uma realidade totalmente nova: "O Senhor ressuscitou e está de novo entre nós". A fé em Jesus é fonte da missão.

27. "Para a América Latina e Caribe, que receberam Cristo há 500 anos, o maior sinal de agradecimento pelo Dom recebido e de sua vitalidade cristã é empenhar-se ela mesma na missão, tanto internamente como além de suas fronteiras" (*Discurso inaugural*, João Paulo II, 28).

IV. LINHAS PASTORAIS PRIORITÁRIAS

28. A IV Conferência propõe, com grande esperança e tendo presente as preciosas contribuições das conferências episcopais e de tantas outras instâncias da Igreja, as seguintes linhas de ação pastoral. Para iluminar nossos trabalhos, tivemos a orientação e o apoio do Santo Padre que há muito tempo vem motivando esta IV Conferência.

29. Antes de tudo, proclamamos a adesão na fé da Igreja na América Latina e no Caribe, a Jesus Cristo que é o mesmo ontem, hoje e sempre (cf. Hb 13,8).

30. Para que Cristo esteja presente na vida de nossos povos, convocamos todos os fiéis a uma nova evangelização, e chamamos especialmente os leigos, e dentre eles os jovens. E nesta hora confiamos em que muitos jovens, apoiados por uma eficaz pastoral vocacional, respondam o chamado do Senhor ao sacerdócio e à vida consagrada.

— Uma catequese renovada e uma liturgia viva, numa Igreja em missão, serão os meios para aproximar e santificar mais todos os cristãos e, em particular, os distantes e indiferentes.

— A nova evangelização intensificará uma pastoral missionária em todas as nossas Igrejas e nos fará responsáveis para irmos além de nossas fronteiras, a fim de levar a outros povos a fé recebida há 500 anos.

31. Como expressão da nova evangelização nos comprometemos, também, a trabalhar na promoção integral do povo latino-americano e caribenho, tendo como preocupação que seus principais destinatários são os mais pobres.

— Na promoção humana, ocupa um lugar privilegiado e fundamental a família, fonte da vida. Hoje, é necessário e urgente promover e defender a vida, atormentada pelos muitos ataques com que a ameaçam setores da sociedade atual.

32. Devemos incentivar uma evangelização que penetre nas raízes mais profundas da cultura comum de nossos povos, com especial preocupação pela crescente cultura urbana.

— Mereceu nossa particular atenção o trabalho pela autêntica encarnação do Evangelho nas culturas indígenas e afro-americanas de nosso continente.

— Para toda esta inculturação do Evangelho é muito importante desenvolver eficaz ação educativa e utilizar os meios modernos de comunicação.

V. Saudações e votos

33. Não queremos concluir esta mensagem sem dirigir uma palavra afetuosa a algumas pessoas e grupos sobre os quais pesa uma particular responsabilidade eclesial ou social.

34. Dirigimos uma saudação a nossos presbíteros e diáconos, solícitos colaboradores de nossa missão episcopal, que estiveram presentes todos os dias em nossa lembrança e oração. Alimentamos a esperança de que, como sempre, nos ajudarão a levar ao povo de nossas Igrejas particulares as conclusões desta Conferência. Recebam eles a expressão de nosso afeto paternal e fraterno, e nossa gratidão por seu sacrificado e incansável compromisso no ministério.

35. Com igual solicitude temos presente os religiosos e religiosas, membros de institutos seculares, agentes de pastoral, catequistas, ani-

madores de comunidades, membros de comunidades eclesiais de base, de movimentos de Igreja e ministros extraordinários que, certamente, receberão da IV Conferência renovado ânimo para seu serviço eclesial.

36. Nosso pensamento volta-se agradecido aos numerosos missionários e missionárias que, desde a primeira hora, em condições de grande dificuldade e com muita renúncia, até o sacrifício da própria vida, anunciaram o Evangelho em nosso continente.

37. Foi para nós causa de ânimo e alegria ter em nosso encontro observadores pertencentes a Igrejas cristãs irmãs. A eles, e por seu meio, a todas estas Igrejas, com as quais compartilhamos a fé em Jesus Cristo Salvador, chegue nossa saudação fraterna, unida à oração, a fim de que, quando aprouver a Deus, possamos realizar o testamento espiritual de Jesus Cristo: "Que todos sejam um, para que o mundo creia" (Jo 17,21).

38. Aos povos indígenas, habitantes originários destas terras, possuidores de inumeráveis riquezas culturais, que estão na base de nossa cultura atual, e aos descendentes de milhares de famílias vindas das várias regiões da África, manifestamos nossa estima e o desejo de servi-los como ministros do Evangelho de Nosso Senhor Jesus Cristo.

39. Unimo-nos aos construtores e dirigentes da sociedade — governantes, legisladores, magistrados, chefes políticos e militares, educadores, empresários, responsáveis sindicais e tantos outros — e a todos os homens de boa vontade que trabalham na promoção e defesa da vida, na exaltação e dignidade do homem e da mulher, na defesa de seus direitos, na busca e promoção da paz, afastada qualquer forma de corrida armamentista. Nesta IV Conferência, nós os exortamos a que, no exercício de sua respeitável missão a serviço dos povos, se empenhem em favor da justiça, da solidariedade e do desenvolvimento integral, orientados pelo indispensável imperativo ético em suas decisões.

40. De modo especial desejamos que os ensinamentos que transmitimos em nome do Senhor ressoem no interior das famílias latino-americanas e caribenhas. A elas, santuário da vida, se pede que façam germinar o Evangelho no coração de seus filhos por meio de uma adequada educação. No momento em que a cultura de morte nos ameaça, encontrarão aqui uma "fonte que jorra para a vida eterna". Os pais, com seu exemplo e sua palavra, são os grandes evangelizadores

de sua "Igreja doméstica" e deles dependem, em boa parte, que esta conferência de Santo Domingo produza seus frutos. Por isso, com a nossa saudação queremos expressar-lhes nossa união e apoio.

41. Estimulamos os representantes do mundo da cultura a intensificarem seus esforços em favor da educação, que é a chave-mestra do futuro: alma do dinamismo social, direito e dever de toda pessoa, para firmar os alicerces de um autêntico humanismo integral (João Paulo II, *Missa-Farol de Colombo*, 7).

42. Cordialmente convidamos todos os comunicadores sociais a serem porta-vozes incansáveis de reconciliação, verdadeiros promotores dos valores humanos e cristãos, defensores da vida e animadores da esperança, da paz e da solidariedade entre os povos.

VI. Conclusão

43. Com plena confiança, entregamos esta mensagem ao Povo de Deus na América Latina e Caribe. Entregamo-la com igual sentimento a todos os homens e mulheres, especialmente aos jovens do continente, chamados a serem protagonistas na construção da sociedade e da Igreja, no limiar do novo milênio cristão (D.I. 27). Também aos que, sem participar da nossa fé cristã e católica, aderem à mensagem desta Assembléia de Santo Domingo, por reconhecerem nela um chamado ao humanismo cristão e evangélico que eles estimam e vivem.

44. Aos irmãos na fé, esta mensagem deseja traçar uma explícita profissão de fé em Jesus Cristo e em sua Boa-Nova. Neste Jesus, "o mesmo ontem, hoje e sempre" (Hb 13,8), temos a certeza de encontrar inspiração, luz e força para um renovado espírito evangelizador. Nele se encontram também motivos e orientações para novos esforços em vista da autêntica promoção humana de quase 500 milhões de latino-americanos. É ele igualmente quem nos ajudará a infundir, nos valores culturais próprios de nosso povo, sua marca cristã, sua identidade, a riqueza da unidade em meio à diversidade.

45. A todos queremos propor o conteúdo da IV Conferência e do Documento de Santo Domingo como premissa para o permanente rejuvenescimento do ideal de nossos antepassados sobre a Pátria Grande. Estamos, efetivamente, persuadidos de que o encontro com

as raízes cristãs e católicas comuns de nossos países dará à América Latina a unidade desejada.

46. Existem, na América, fermentos muito ativos de divisão. Falta muito para nossa terra americana ser o continente unificado que desejamos. Agora, além de seu objeto primariamente religioso, a nova evangelização lançada pela IV Conferência Geral oferece os elementos necessários para o surgimento da Pátria Grande:

— a indispensável *reconciliação* graças à qual, na lógica do PAI-NOSSO, se superam antigas e novas discórdias, se dará o perdão mútuo aos antigos e novos agravos, eliminar-se-ão antigas e novas ofensas, se restaurará a paz;

— a *solidariedade*, ajuda de uns para tornar suportável o peso de outros e para partilhar com outros as próprias conquistas: "É preciso fazer valer o novo ideal de solidariedade diante da vontade desequilibrada de domínio" (João Paulo II, *Discurso inaugural*, 15);

— a *integração* de nossos países uns com os outros, vencidas as barreiras do isolamento, das discriminações e do desinteresse recíproco. "Um fator que pode contribuir notavelmente para superar os prementes problemas que hoje afetam este continente é a integração latino-americana" (João Paulo II, *Discurso inaugural*, 15 e 17).

— a profunda *comunhão*, a partir da Igreja, em torno da vontade política de progresso e bem-estar.

47. Que o patrimônio social e espiritual contido nestas quatro palavras-chave: reconciliação, solidariedade, integração e comunhão — se transforme na maior riqueza da América Latina. São estes os votos e as orações dos bispos integrantes da IV Conferência Geral do Episcopado Latino-Americano. Seja, também, o maior presente que a graça de Deus nos concede. Pensamos que tal patrimônio é tarefa e obrigação de todos e de cada um.

48. A Nossa Senhora de Guadalupe, estrela da nova evangelização, confiamos nossos trabalhos. Ela tem caminhado com nossos povos desde o primeiro anúncio de Cristo. A ela suplicamos, hoje, que encha de ardor nossos corações, para proclamarmos, com novos métodos e novas expressões, que Jesus Cristo é o mesmo ontem, hoje e sempre (Hb 13,8).

Conclusões da Conferência de SANTO DOMINGO

Nova evangelização, promoção humana, cultura cristã

"Jesus Cristo ontem, hoje e sempre"
(Hebreus 13,8)

PRIMEIRA PARTE
===

Jesus Cristo, evangelho do Pai

1. Convocados pelo papa João Paulo II e impulsionados pelo Espírito de Deus, nosso Pai, os bispos participantes da IV Conferência Geral do Episcopado Latino-Americano, reunido em Santo Domingo, em continuidade às precedentes do Rio de Janeiro, Medellín e Puebla, proclamamos nossa fé e nosso amor a Jesus Cristo. Ele é o mesmo "ontem, hoje e sempre" (cf. Hb 13,8).

   Reunidos como num novo cenáculo, em torno de Maria, a mãe de Jesus, damos graças a Deus pelo dom inestimável da fé e pelos incontáveis dons de sua misericórdia. Pedimos perdão pelas infidelidades à sua bondade. Animados pelo Espírito Santo, dispomo-nos a impulsionar, com novo ardor, uma nova evangelização que se projete num maior compromisso pela promoção integral do homem e impregne com a luz do Evangelho as culturas dos povos latino-americanos. É o Espírito quem nos deve dar a sabedoria para encontrar os novos métodos e as novas expressões que tornem o único Evangelho de Jesus Cristo mais compreensível hoje a nossos irmãos, para assim responder aos novos desafios.

2. Ao contemplar, com um olhar de fé, a implantação da cruz de Cristo neste continente, ocorrida há cinco séculos, compreendemos que foi ele, Senhor da história, quem estendeu o anúncio da salvação a dimensões insuspeitadas. Cresceu assim a família de Deus e se multiplicou para a glória de Deus o número dos que dão graças (cf. 2Cor 4,15; João Paulo II, *Discurso inaugural*, 3). Deus escolheu um novo povo entre os habitantes destas terras

que, mesmo desconhecidos para o Velho Mundo, eram "bem conhecidos por Deus desde toda a eternidade e por ele sempre abraçados com a paternidade que o Filho revelou na plenitude dos tempos" (João Paulo II, *Discurso inaugural*, 3).

3. Jesus Cristo é, na verdade, o centro do desígnio amoroso de Deus. Por isso repetimos com a epístola aos Efésios:

"Bendito seja Deus, o Pai de nosso Senhor Jesus Cristo, que abençoou com toda sorte de bênçãos espirituais, nos céus, em Cristo; nele, ele nos escolheu, antes da fundação do mundo, para sermos santos e irrepreensíveis diante dele, no amor. Ele nos predestinou para sermos seus filhos adotivos por Jesus Cristo" (Ef 1,3-5).

Celebramos Jesus Cristo, morto por nossos pecados e ressuscitado para nossa justificação (cf. Rm 4,25), que vive entre nós e é nossa "esperança da glória" (Cl 1,27). Ele é a imagem de Deus invisível, primogênito de toda criatura, em quem foram criadas todas as coisas. Ele mantém a criação, para ele convergem todos os caminhos do homem, é o Senhor dos tempos. Em meio às dificuldades e às cruzes, queremos continuar a ser em nosso continente testemunhas do amor de Deus e profetas da esperança que não falha. Queremos iniciar "uma nova era sob o signo da esperança" (cf. João Paulo II, *Discurso inaugural*, V).

1. Profissão de fé

4. Bendizemos a Deus que, em seu amor misericordioso, "enviou seu Filho, nascido de mulher" (Gl 4,4), para salvar a todos os homens. Assim Jesus Cristo se fez um de nós (cf. Hb 2,17). Ungido pelo Espírito Santo (Lc 1,15), proclama na plenitude dos tempos a Boa-Nova, dizendo: "Cumpriu-se o tempo e o Reino de Deus está próximo. Arrependei-vos e crede no Evangelho" (Mc 1,15). Este Reino inaugurado por Jesus nos revela primeiramente o próprio Deus como "um Pai amoroso e cheio de compaixão" (RMi 13), que chama a todos, homens e mulheres, para nele ingressar.

Para ressaltar esse aspecto, Jesus se aproximou sobretudo daqueles que, por suas misérias, estavam à margem da sociedade, anunciando-lhes a "Boa-Nova". No início do seu ministério, proclama ter sido enviado para "anunciar aos pobres a Boa-Nova" (Lc 4,18). A todas as vítimas da rejeição e do desprezo, conscientes de suas carências, Jesus lhes disse: "Bem-aventurados os pobres" (Lc 6,20; cf. RMi 14). Assim pois, os necessitados e pecadores podem sentir-se amados por Deus e objeto de sua imensa ternura (cf. Lc 15,1-32).

5. A entrada no Reino de Deus se realiza mediante a fé na palavra de Jesus, selada pelo batismo, testemunhada no seguimento, no compartilhar sua vida, morte e ressurreição (cf. Rm 6,9). Isto exige uma profunda conversão (cf. Mc 1,15; Mt 4,17), uma ruptura com toda forma de egoísmo, num mundo marcado pelo pecado (cf. Mt 7,21; Jo 14,15; RMi 13), ou seja, uma adesão ao anúncio das bem-aventuranças (Mt 5,1-10).

O mistério do Reino, oculto durante séculos e gerações em Deus (cf. Cl 1,26) e presente na vida e nas palavras de Jesus identificado com sua pessoa, é dom do Pai (cf. Lc 12,32; Mt 20,23) e consiste na comunhão, gratuitamente oferecida, do ser humano com Deus (cf. EN 9; cf. Jo 14,23), começando nesta vida e alcançando a plena realização na eternidade (EN 27).

Do amor de Deus dá-se testemunho no amor fraterno (cf. Jo 4,20), do qual não pode separar-se: "Se nos amamos uns aos outros, Deus permanece em nós, e o seu amor em nós é levado à perfeição" (1Jo 4,12). "Portanto, a natureza do Reino é a comunhão de todos os seres humanos entre si e com Deus" (RMi 15).

6. Para a realização do Reino, "Jesus instituiu os Doze, para que ficassem com ele, para enviá-los a pregar" (Mc 3,18), aos quais revelou os "mistérios" do Pai fazendo deles seus amigos (cf. Jo 15,15) e continuadores da mesma missão que ele recebera de seu Pai (cf. Jo 20,21), e estabelecendo Pedro como fundamento da nova comunidade (cf. Mt 16,18).

Antes de sua ida ao Pai, Jesus instituiu o sacramento do seu amor, a Eucaristia (cf. Mc 14,22), memorial do seu sacrifício. Assim o Senhor permanece no meio do seu povo para alimentá-lo com seu corpo e com seu sangue, fortalecendo e expressando a comunhão e a solidariedade que deve reinar entre os cristãos, enquanto peregrinam pelos caminhos da terra na esperança do encontro pleno com ele. Vítima sem mancha, oferecida a Deus (Hb 9,14), Jesus é igualmente o sacerdote que tira o pecado com uma única oferenda (cf. Hb 10,14).

Ele, e somente ele, é nossa salvação, nossa justiça, nossa paz e nossa reconciliação. Nele, fomos reconciliados com Deus e por ele nos foi confiado o "ministério da reconciliação" (2Cor 5,19). Ele derruba todo muro que separa os homens e os povos (cf. Ef 2,14). Por isso hoje, nesse tempo de nova evangelização, queremos repetir com o apóstolo são Paulo: "Reconciliai-vos com Deus" (2Cor 5,20).

7. Confessamos que Jesus, verdadeiramente ressuscitado e elevado ao céu, é Senhor, consubstancial ao Pai, "nele reside toda a plenitude da divindade" (Cl 2,9); sentado a sua direita, merece o tributo de nossa adoração. "A ressurreição confere um alcance universal à mensagem de Cristo, a sua ação e a toda a

sua missão" (RMi 16). Cristo ressuscitou para nos comunicar a sua vida. De sua plenitude todos recebemos a graça (cf. Jo 1,16). Jesus Cristo, que morreu para nos libertar do pecado e da morte, ressuscitou para, em si, fazer-nos filhos de Deus. Se não tivesse ressuscitado, "vã seria nossa pregação e vazia seria nossa fé" (1Cor 15,14). Ele é nossa esperança (cf. 1Tm 1,1; 3,14-16), uma vez que pode salvar os que se aproximam de Deus e vive para sempre, para interceder a nosso favor (cf. Hb 7,25).

Conforme a promessa de Jesus, o Espírito Santo foi derramado sobre os apóstolos reunidos com Maria no cenáculo (cf. At 1,12-14; 2,1). Com a doação do Espírito em Pentecostes, a Igreja foi enviada para anunciar o Evangelho. A partir desse dia, ela, novo Povo de Deus (1Pd 2,9-10) e corpo de Cristo (cf. 1Cor 12,27; Ef 4,12), está ordenada ao Reino, do qual é germe, sinal e instrumento (cf. RMi 8) até o fim dos tempos. A Igreja, desde então e até os nossos dias, gera, pela pregação e pelo batismo, novos filhos de Deus, concebidos pelo Espírito Santo e nascidos de Deus (LG 64).

8. Na comunhão da fé apostólica, que pela boca de Pedro confessou na Palestina: "Tu és o Cristo, o Filho de Deus vivo" (Mt 16,16), hoje fazemos nossas as palavras de Paulo VI que, ao começar nossos trabalhos, João Paulo II nos recordava: "Cristo! Cristo, nosso princípio. Cristo, nossa vida e nosso guia. Cristo, nossa esperança e nosso fim... Que não desça sobre esta assembléia outra luz, a não ser a luz de Cristo, luz do mundo. Que nenhuma outra verdade atraia a nossa mente, fora das palavras do Senhor, único Mestre. Que não tenhamos outra aspiração que não seja o desejo de lhe sermos absolutamente fiéis. Que nenhuma outra esperança nos sustente, a não ser aquela que, mediante a sua Palavra, conforta a nossa debilidade..." (João Paulo II, *Discurso inaugural*, 1).

Sim, confessamos que Jesus Cristo é verdadeiro Deus e verdadeiro homem. Ele é o Filho único do Pai feito homem no seio da Virgem Maria, por obra do Espírito Santo; ele veio ao mundo para nos livrar de toda a escravidão do pecado, dar-nos a graça da adoção filial e reconciliar-nos com Deus e com os homens. Ele é o Evangelho vivo do amor do Pai. Nele a humanidade tem a medida de sua dignidade e o sentido do seu desenvolvimento.

9. Reconhecemos a dramática situação a que o pecado leva o homem. Porque o homem criado bom, à imagem do próprio Deus, senhor responsável da criação, ao pecar, caiu em inimizade com ele. Dividido em si mesmo, rompeu a solidariedade com o próximo e destruiu a harmonia da natureza. Nisso reconhecemos a origem dos males individuais e coletivos que lamentamos na América Latina: as guerras, o terrorismo, a droga, a miséria, as opressões e injustiças, a mentira institucionalizada, a marginalização da mulher, a depredação do meio ambiente, enfim, tudo o que caracteriza uma cultura de morte.

Quem nos livrará dessas forças de morte? (cf. Rm 7,24). Só a graça de nosso Senhor Jesus Cristo, oferecida uma vez mais aos homens e mulheres da América Latina, como chamado à conversão do coração. A renovada evangelização que ora empreendemos deve ser pois um convite a converter, ao mesmo tempo, a consciência pessoal e coletiva dos homens (cf. João Paulo II, *Discurso inaugural*, 18), para que nós, cristãos, sejamos como que a alma em todos os ambientes da vida social (cf. Carta a Diogneto 6).

10. Identificados com Cristo, que vive em cada um (cf. Gl 2,20) e conduzidos pelo Espírito Santo, os filhos de Deus recebem em seu coração a lei do amor. Desta maneira podem responder à exigência de serem perfeitos como o Pai que está no céu (cf. Mt 5,48), seguindo a Jesus Cristo e carregando a própria cruz, a cada dia, até dar a vida por ele (cf. Mc 8,34-36).

11. Cremos na Igreja una, santa, católica e apostólica e a amamos. Fundada por Jesus Cristo "sobre o fundamento dos Apóstolos" (cf. Ef 2,20), cujos sucessores, os bispos, presidem as distintas Igrejas particulares. Em comunhão entre si e presididos na caridade pelo bispo de Roma, servem a suas Igrejas particulares, de modo que em cada uma delas se torne viva e atuante a Igreja de Cristo. Ela é a primeira beneficiária da salvação. Cristo a adquiriu com seu sangue (At 20,28), dela fazendo sua colaboradora na obra da salvação universal (cf. RMi 9).

Peregrina neste continente, está presente e se realiza como comunidade de irmãos sob a orientação dos bispos. Fiéis e pastores, congregados pelo Espírito Santo (cf. CD 11) em torno da Palavra de Deus e à mesa da Eucaristia, são, por sua vez, enviados a proclamar o Evangelho, anunciando Jesus Cristo e dando testemunho de amor fraterno.

12. "A Igreja peregrina é missionária por natureza, uma vez que procede da missão do Filho e da missão do Espírito Santo, segundo o desígnio de Deus Pai" (AG 2). A evangelização é a sua razão de ser; ela existe para evangelizar (cf. EN 15). Para a América Latina, providencialmente animada com um novo ardor evangélico, chegou a hora de levar a sua fé aos povos que ainda não conhecem Cristo, na certeza convicta de que "é dando a fé que ela se fortalece" (João Paulo II, *Discurso inaugural*, 28).

    A Igreja quer realizar nestes tempos uma nova evangelização que transmita, consolide e amadureça, em nossos povos, a fé em Deus, Pai de nosso Senhor Jesus Cristo. Esta evangelização "deve conter sempre — como base, centro e, ao mesmo tempo, cume do seu dinamismo — uma clara proclamação de que em Jesus Cristo, filho de Deus feito homem, morto e ressuscitado, a salvação é oferecida a todos os homens, como dom da graça e da misericórdia de Deus" (EN 27).

13. O anúncio cristão, por seu próprio vigor, tende a curar, firmar e promover o homem, para constituir uma comunidade fraterna, renovando a própria humanidade e dando-lhe sua plena dignidade humana, com a novidade do batismo e da vida segundo o Evangelho (cf. EN 18). A evangelização promove o desenvolvimento integral, exigindo de todos e de cada um o pleno respeito a seus direitos e a plena observância de seus deveres, a fim de criar uma sociedade justa e solidária, a caminho de sua plenitude no reino definitivo. O homem é chamado a colaborar e ser instrumento com Jesus Cristo na evangelização. Na América Latina, continente religioso e sofrido, urge uma nova evangelização que proclame inequivocamente o evangelho da justiça, do amor e da misericórdia.

Sabemos que, em virtude da encarnação, Cristo se uniu de certo modo a todo homem (cf. GS 22). Ele é a perfeita revelação do homem ao próprio homem e revela a sublimidade de sua vocação (GS 22). Jesus Cristo se insere no coração da humanidade e convida todas as culturas a se deixarem levar por seu espírito à plenitude, elevando nelas o que é bom e purificando o que se encontra marcado pelo pecado. Toda evangelização há de ser, portanto, inculturação do Evangelho. Assim, toda cultura pode chegar a ser cristã, ou seja, a fazer referência a Cristo e inspirar-se nele e em sua mensagem (cf. João Paulo II, *Discurso à II Assembléia da Pontifícia Comissão para a América Latina*, 14 de junho de 1991, 4). Jesus Cristo é, com efeito, a medida de toda cultura e de toda obra humana. A inculturação do Evangelho é um imperativo do segmento de Jesus e é necessária para restaurar o rosto desfigurado do mundo (cf. LG 8). Trabalho que se realiza no projeto de cada povo, fortalecendo sua identidade e libertando-o dos poderes da morte. Por isso podemos anunciar com confiança: homens e mulheres da América Latina, abri os corações a Jesus Cristo. Ele é o caminho, a verdade e a vida. Quem o segue não anda nas trevas (cf. Jo 14,6; 8,12).

14. Cremos que Cristo, o Senhor, há de voltar para levar à plenitude o Reino de Deus e entregá-lo ao Pai (cf. 1Cor 15,24), transformada então a criação inteira em "novos céus e nova terra onde habita a justiça" (2Pd 3,13). Lá alcançaremos a comunhão perfeita do céu, no gozo da visão eterna da Trindade. Homens e mulheres que se tenham mantido fiéis ao Senhor, vencidos finalmente o pecado, o diabo e a morte, chegarão à sua plenitude humana, participando da própria natureza divina (2Pd 1,4). Então Cristo recapitulará e reconciliará plenamente a criação; tudo será dele e Deus será tudo em todos (cf. 1Cor 15,28).

15. Confirmando a fé de nosso povo, queremos proclamar que a Virgem Maria, mãe de Cristo e da Igreja, é a primeira redimida e a primeira crente. Maria, mulher de fé, foi plenamente evangelizada; é a mais perfeita discípula e evangelizadora (cf. Jo 2,1-12). É o modelo de todos os discípulos e evangelizadores por seu testemunho de oração, de escuta da Palavra de Deus e

de pronta e fiel disponibilidade ao serviço do Reino até a cruz. Sua figura materna foi decisiva para que os homens e mulheres da América Latina se reconhecessem em sua dignidade de filhos de Deus. Maria é o selo distintivo da cultura de nosso continente. Mãe e educadora do nascente povo latino-americano, em santa Maria de Guadalupe, através do beato Juan Diego, é oferecido "um grande exemplo de evangelização perfeitamente inculturada" (João Paulo II, *Discurso inaugural*, 24). Ela nos precedeu na peregrinação da fé e no caminho da glória, e acompanha os nossos povos que a invocam com amor, até que nos encontremos definitivamente com seu filho. Com alegria e gratidão, acolhemos o dom imenso de sua maternidade, ternura e proteção, e aspiramos a amá-la do mesmo modo como Jesus a amou. Por isso a invocamos como estrela da primeira e da nova evangelização.

2. Nos 500 anos da primeira evangelização

16. "Nos povos da América, Deus escolheu para si um novo povo, [...] fazendo-o participar do seu Espírito. Mediante a evangelização e a fé em Cristo, Deus renovou sua aliança com a América Latina" (João Paulo II, *Discurso inaugural*, 3).

    O ano de 1492 foi um ano chave no processo de pregação da Boa-Nova. Com efeito, "o que a Igreja celebra nessa comemoração não são acontecimentos históricos mais ou menos discutíveis, mas uma realidade esplêndida e permanente, cujo valor não se pode subestimar: a chegada da fé, a proclamação e difusão da mensagem evangélica no continente (americano). E o celebra no sentido mais profundo e teológico do termo: como se celebra Jesus Cristo, senhor da história e dos destinos da humanidade" (João Paulo I, *Alocução dominical*, 5 de janeiro de 1992, 2).

17. A presença criadora, providente e salvadora de Deus já acompanhava a vida desses povos. As "sementes do Verbo", presentes no profundo sentido religioso das culturas pré-colombianas, esperavam o orvalho fecundante do Espírito. Tais culturas ofereciam em sua base, junto a outros aspectos necessitados de purificação, aspectos positivos, como a abertura à ação de Deus, o sentido da gratidão pelos frutos da terra, o caráter sagrado da vida humana e valorização da família, o sentido de solidariedade e a co-responsabilidade no trabalho comum, a importância do culto, a crença em uma vida ultraterrena e tantos outros valores que enriquecem a alma latino-americana (cf. João Paulo II, *Mensagem aos indígenas*, 12 de outubro de 1992, 1). Esta religiosidade natural predispunha os indígenas americanos a uma mais pronta recepção do Evangelho, mesmo que tenha havido evangelizadores nem sempre em condições de reconhecer esses valores.

18. Como conseqüência, o encontro do catolicismo ibérico com as culturas americanas deu lugar a um processo peculiar de mestiçagem que, embora tenha tido aspectos conflituosos, pôs em relevo as raízes católicas, assim como a singular identidade do continente. Tal processo de mestiçagem, também perceptível nas múltiplas formas de religiosidade popular e da arte mestiça, é conjunção do perene cristão com o próprio da América, e desde a primeira hora se estendeu de um lado a outro do continente.

    A história nos mostra "que foi levada a cabo uma válida, fecunda e admirável obra evangelizadora e que, através dela, ganhou de tal modo espaço na América a verdade sobre Deus e sobre o homem que, de fato, ela mesma constitui uma espécie de tribunal de acusação dos responsáveis daqueles abusos (de colonizadores, às vezes, sem escrúpulos)" (João Paulo II, *Discurso inaugural*, 4).

19. A obra evangelizadora, inspirada pelo Espírito Santo, que no começo teve como generosos protagonistas sobretudo membros de ordens religiosas, foi uma obra conjunta de todo o Povo de Deus, dos bispos, sacerdotes, religiosos, religiosas e fiéis leigos. Entre os últimos, é importante assinalar também a colaboração dos próprios indígenas batizados, aos quais se somaram, no correr do tempo, catequistas afro-americanos.

    A primeira evangelização teve como instrumentos privilegiados homens e mulheres de vida santa. Os meios pastorais foram uma incansável pregação da Palavra, a celebração dos sacramentos, a catequese, o culto mariano, a prática das obras de misericórdia, a denúncia das injustiças, a defesa dos pobres e a especial solicitude pela educação e promoção humana.

20. Os grandes evangelizadores defenderam os direitos e a dignidade dos aborígenes e censuraram "os atropelos cometidos contra os índios na época da conquista" (João Paulo II, *Mensagem aos indígenas*, 12 de outubro de 1992, 2). Os bispos, por sua vez, em seus concílios e reuniões, em cartas aos reis da Espanha e de Portugal e nos decretos de visita pastoral, revelam também essa atitude profética de denúncia, unida ao anúncio do Evangelho.

Assim pois, "a Igreja, que com os seus religiosos, sacerdotes e bispos, esteve sempre ao lado dos indígenas, como poderia esquecer neste V centenário os enormes sofrimentos infligidos às populações deste continente durante a época da conquista e colonização? Deve-se reconhecer, com toda a verdade, os abusos cometidos devido à falta de amor das pessoas que não souberam ver nos indígenas irmãos e filhos do mesmo Deus Pai" (João Paulo II, *Mensagem aos indígenas*, 2). Lamentavelmente estas dores se prolongaram, em algumas formas, até os nossos dias.

Um dos episódios mais tristes da história latino-americana e caribenha foi o translado forçado, como escravos, de um enorme número de africanos. Do tráfico de negros participaram entidades governamentais e particulares de quase todos os países da Europa atlântica e das Américas. O desumano tráfico escravista, a falta de respeito à vida, à identidade pessoal e familiar e às etnias são uma ofensa escandalosa para a história da humanidade. Queremos, com João Paulo II, pedir perdão a Deus por este "holocausto desconhecido" do qual "participaram batizados que não viveram sua fé" (Homilia na Ilha de Goreia, Senegal, 21 de fevereiro de 1992; *Discurso aos africanos, Mensagem aos afro-americanos*, Santo Domingo, 12 de outubro de 1992, 2).

21. Olhando a época histórica mais recente, continuamos a nos encontrar com pegadas vivas de uma cultura de séculos, em cujo núcleo está presente o Evangelho. Esta presença é testemunhada particularmente pela vida dos santos latino-americanos, os quais, ao viver em plenitude o Evangelho, têm sido as testemunhas mais autênticas, fidedignas e qualificadas de Jesus Cristo. A Igreja proclamou as virtudes heróicas de muitos deles, desde o beato índio Juan Diego, santa Rosa de Lima e são Martim de Porres até santo Ezequiel Moreno em nossos dias.

Neste V centenário, queremos agradecer aos inumeráveis missionários, agentes de pastoral e leigos anônimos, muitos dos quais têm atuado em silêncio, e especialmente àqueles que chegaram ao testemunho do sangue, por amor de Jesus.

Segunda Parte

Jesus Cristo, evangelizador vivo em sua Igreja

22. "Ide, pois, e fazei discípulos a todas as gentes..., batizando-as em nome do Pai, do Filho e do Espírito Santo, e ensinando-lhes a guardar tudo o que eu vos tenho mandado. Eis que estou convosco todos os dias até o fim do mundo" (Mt 28,19-20). "Nestas palavras está contida a solene proclamação da evangelização" (João Paulo II, *Discurso inaugural*, 2).

O Santo Padre nos convocou para comprometer a Igreja da América Latina e do Caribe numa nova evangelização e "traçar agora, para os próximos anos, uma nova estratégia evangelizadora, um plano global de evangelização" (João Paulo II, *Discurso à II Assembléia Plenária da Pontifícia Comissão para a América Latina*, 4).

Queremos apresentar alguns elementos que nos servirão de base para concretizar estas orientações nas Igrejas locais do continente.

A partir da nova evangelização, "o elemento englobante" ou "idéia central" que iluminou nossa conferência, entenderemos, em sua verdadeira dimensão, a promoção humana, resposta à "delicada e difícil situação em que se encontram os países latino-americanos" (Carta do Cardeal Bernardin Gantin, Presidente da Pontifícia Comissão para a América Latina, aos Presidentes das Conferências Episcopais da América Latina e ao Presidente do CELAM, 12 de dezembro de 1990), e enfocaremos o desafio do diálogo entre o Evangelho e os distintos elementos que conformam nossas culturas, para purificá-las e aperfeiçoá-las a partir de dentro, com o ensinamento e o exemplo de Jesus, até chegar a uma cultura cristã.

Capítulo 1

A nova evangelização

23. Toda evangelização parte do mandato de Cristo a seus apóstolos e sucessores, desenvolve-se na comunidade dos batizados, no seio de comunidades vivas que compartilham a sua fé, e se orienta ao fortalecimento da vida de adoção filial em Cristo, que se expressa principalmente no amor fraterno.

Depois de nos perguntar o que é a nova evangelização, podemos compreender melhor que ela tem seu ponto de partida na Igreja, na força do Espírito, em contínuo processo de conversão, que busca testemunhar a unidade dentro da diversidade de ministérios e carismas e que vive intensamente seu compromisso missionário. Só a Igreja evangelizada é capaz de evangelizar.

As trágicas situações de injustiça e sofrimento de nossa América, que se tornaram mais agudas depois de Puebla, pedem respostas que só uma Igreja, sinal de reconciliação e portadora de vida e da esperança que brotam do Evangelho, poderá dar.

24. Que é a nova evangelização?

"A nova evangelização tem como ponto de partida a certeza de que em Cristo há uma 'riqueza insondável' (Ef 3,8) que nenhuma cultura, de qualquer época, extingue, e à qual nós homens sempre poderemos recorrer para enriquecer-nos" (João Paulo II, *Discurso inaugural*, 6). Falar de nova evangelização é reconhecer que existiu uma antiga ou primeira. Seria impróprio falar de nova evangelização de tribos ou povos que nunca receberam o Evangelho. Na América Latina, pode-se falar assim, porque aqui se realizou uma primeira evangelização nos últimos 500 anos.

Falar de nova evangelização não significa que a anterior tenha sido inválida, infrutuosa ou de curta duração. Significa que hoje novos desafios, novas interpelações se fazem aos cristãos e aos quais é urgente responder.

Falar de nova evangelização, como advertiu o Papa no *Discurso inaugural* desta IV Conferência, não significa propor um novo Evangelho diferente do primeiro: há um só e único Evangelho do qual se podem tirar luzes novas para problemas novos.

Falar de nova evangelização não quer dizer reevangelizar. Na América Latina, não se trata de prescindir da primeira evangelização, mas de partir dos ricos e abundantes calores que ela deixou para aprofundá-los e complementá-los, corrigindo as deficiências anteriores. A nova evangelização surge na América Latina como resposta aos problemas apresentados pela realidade de um continente no qual se dá um divórcio entre fé e vida, ao ponto de produzir clamorosas situações de injustiças, desigualdade social e violência. Implica enfrentar a grandiosa tarefa de infundir energias ao cristianismo da América Latina.

Para João Paulo II, a nova evangelização é algo atuante, dinâmico. É, antes de tudo, chamado à conversão (cf. João Paulo II, *Discurso inaugural*, 1) e à esperança que se apóia nas promessas de Deus e que tem como certeza inquebrantável a Ressurreição de Cristo, primeiro anúncio e raiz de toda evangelização, fundamento de toda promoção humana, princípio de toda autêntica cultura cristã (cf. ibid., 25). É também um novo âmbito vital, um novo Pentecostes (cf. ibid., 30-31) em que o acolhimento do Espírito Santo fará surgir um povo renovado, constituído de homens livres, conscientes de sua dignidade (cf. ibid., 19) e capazes de forjar uma história verdadeiramente humana. É o conjunto de meios, ações e atitudes aptos para pôr o Evangelho em diálogo ativo com a modernidade e o pós-moderno, seja para interpelá-los, seja para deixar-se interpelar por eles. Também é o esforço por inculturar o Evangelho na situação atual das culturas de nosso continente.

25. O sujeito da nova evangelização é toda a comunidade eclesial segundo sua própria natureza: nós, os bispos, em comunhão com o papa, nossos presbíteros e diáconos, os religiosos e religiosas e todos os homens e mulheres que constituímos o Povo de Deus.

26. A nova evangelização tem como finalidade formar pessoas e comunidades maduras na fé e dar respostas à nova situação que vivemos, provocada pelas mudanças sociais e culturais da modernidade. Há de ter em conta a urbanização, a pobreza e a marginalização. Nossa situação está marcada pelo materialismo, a cultura da morte, a invasão das seitas e propostas religiosas de diversas origens.

Esta situação nova traz consigo também novos valores, a ânsia da solidariedade, de justiça, a busca religiosa e a superação de ideologias totalizantes.

Destinatários da nova evangelização são também as classes médias, os grupos, as populações, os ambientes de vida e de trabalho, marcados pela ciência, pela técnica e pelos meios de comunicação social.

A nova evangelização tem a tarefa de suscitar a adesão pessoal a Jesus Cristo e à Igreja de tantos homens e mulheres batizados que vivem sem energia o cristianismo, "tendo perdido o sentido vivo da fé, inclusive já não se reconhecendo como membros da Igreja e levando uma existência distanciada de Cristo e de seu Evangelho" (RMi, 33).

27. O conteúdo da nova evangelização é Jesus Cristo, Evangelho do Pai, que anunciou, com gestos e palavras, que Deus é misericordioso para com todas as suas criaturas, que ama o homem com um amor sem limites e que quis entrar na sua história por meio de Jesus Cristo, morto e ressuscitado por nós, para libertar-nos do pecado e de todas as suas conseqüências e para fazer-nos participar de sua vida divina (cf. João Paulo II, Homilia em Veracruz, México, 7 de maio de 1990). Em Cristo, tudo adquire sentido. Ele rompe o horizonte estreito em que o secularismo encerra o homem, devolve-lhe a verdade e dignidade de filho de Deus e não permite que nenhuma realidade temporal, nem os estados, nem a economia, nem a técnica, se convertam para os homens na realidade última a que devam submeter-se. Nas palavras de Paulo VI, evangelizar é anunciar "o nome, a doutrina, a vida, as promessas, o Reino, o mistério de Jesus de Nazaré, Filho de Deus" (EN 22).

Esta evangelização terá força renovadora na fidelidade à Palavra de Deus, seu lugar de acolhida na comunidade eclesial, seu alento criador no Espírito Santo, que cria a unidade e, na diversidade, alimenta a riqueza carismática e ministerial, e se projeta ao mundo mediante o compromisso missionário.

28. Como deve ser esta nova evangelização? O Papa nos respondeu: nova em seu ardor, em seus métodos e em sua expressão.

Nova em seu ardor. Jesus Cristo nos chama a renovar nosso ardor apostólico. Para isso envia o seu Espírito, que inflama hoje o coração da Igreja. O ardor apostólico da nova evangelização brota de uma radical conformação com Jesus Cristo, o primeiro evangelizador. Assim o melhor evangelizador é o santo, o homem das bem-aventuranças (cf. RMi, 90-91). Uma evangelização nova em seu ardor supõe uma fé sólida, uma caridade pastoral intensa e uma forte fidelidade que, sob a ação do Espírito, gere uma mística, um entusiasmo incontido na tarefa de anunciar o Evangelho e capaz de despertar a credibilidade para acolher a Boa-Nova da salvação.

29. Nova em seus métodos. Novas situações exigem novos caminhos para a evangelização. O testemunho e o encontro pessoal, a presença do cristão em todo o humano, assim como a confiança no anúncio salvador de Jesus (querigma) e na atividade do Espírito Santo, não podem faltar.

É necessário empregar, sob a ação do Espírito criador, a imaginação e a criatividade para que, de maneira pedagógica e convincente, o Evangelho chegue a todos. Já que vivemos numa cultura da imagem, devemos ser audazes para utilizar os meios que a técnica e a ciência nos proporcionam, sem jamais depositar neles toda a nossa confiança.

Por outro lado, é necessário utilizar aqueles meios que façam o Evangelho chegar ao centro da pessoa e da sociedade, às raízes mesmas da cultura, "não de uma maneira decorativa, como um verniz superficial" (EN 20).

30. Nova em sua expressão. Jesus Cristo pede que proclamemos a Boa-Nova com uma linguagem que torne o Evangelho sempre mais

próximo das novas realidades culturais de hoje. A partir da riqueza inesgotável de Cristo, se hão de buscar as novas expressões que permitam evangelizar os ambientes marcados pela cultura urbana e inculturar o Evangelho nas novas formas de cultura adveniente. A nova evangelização tem de inculturar-se mais no modo de ser e de viver de nossas culturas, levando em conta as particularidades das diversas culturas, especialmente as indígenas e afro-americanas. (Urge aprender a falar segundo a mentalidade e cultura dos ouvintes, de acordo com suas formas de comunicação e os meios em uso). Assim a nova evangelização continuará na linha da encarnação do Verbo. A nova evangelização exige a conversão pastoral da Igreja. Tal conversão deve ser coerente com o concílio. Ela diz respeito a tudo e a todos: na consciência e na práxis pessoal e comunitária, nas relações de igualdade e de autoridade; com estruturas e dinamismos que tornem a Igreja presente cada vez com mais clareza, enquanto sinal eficaz, sacramento de salvação universal.

1.1. A Igreja convocada à santidade

Iluminação doutrinal

31. Durante nossa IV Conferência, estivemos, como Maria, à escuta da Palavra, para comunicá-la a nossos povos. Sentimos que o Senhor Jesus repetia o chamamento a uma vida santa (cf. Ef 1,2), fundamento de toda nossa ação missionária.

    A Igreja, como mistério de unidade, encontra sua fonte em Jesus Cristo. Nele pode dar os frutos de santidade que Deus espera dela. Só participando de seu Espírito pode transmitir aos homens a autêntica Palavra de Deus. Somente a santidade de vida alimenta e orienta uma verdadeira promoção humana e cultura cristã. Só com ele, por ele e nele se pode dar a Deus, Pai onipotente, a honra e a glória pelos séculos dos séculos.

Chamado à santidade

32. A Igreja é comunidade santa (cf. 1Pd 2,9), em primeiro lugar, pela presença nela do Cordeiro que a santifica por seu Espírito

(cf. Ap 21,22s; 22,1-5; Ef 1,18; 1Cor 3,16; 6-19; LG 4). Por isso, seus membros devem esforçar-se cada dia por viver, no seguimento de Jesus e em obediência ao Espírito, "como santos e imaculados em sua presença pelo amor" (Ef 1,4). Estes são os homens e mulheres novos de que a América Latina e o Caribe necessitam: os que tendo escutado, com coração bom e reto (cf. Lc 8,15), o chamado à conversão (cf. Mc 1,15) e tendo renascido pelo Espírito Santo segundo a imagem perfeita de Deus (cf. Cl 1,15; Rm 8,29), chamam a Deus de "Pai" e expressam seu amor a ele no reconhecimento de seus irmãos (cf. P 327); são bem-aventurados porque participam da alegria do Reino dos céus, são livres com a liberdade que dá a Verdade e solidários com todos os homens, especialmente com os que mais sofrem. A Igreja alcançou na Santíssima Virgem a perfeição, em virtude da qual não tem mancha nem ruga. A santidade "é a chave do ardor renovado da nova evangelização" (João Paulo II, Homilia em Salto, Uruguai, 9 de maio de 1988, 4).

Convocada pela Palavra

33. A Igreja, comunidade santa convocada pela Palavra, tem como uma de suas principais tarefas a de pregar o Evangelho (cf. LG 25). Os bispos das Igrejas particulares que peregrinam na América Latina e no Caribe e todos os participantes reunidos em Santo Domingo, queremos assumir, com o renovado ardor que os tempos exigem, o chamado que o Papa, sucessor de Pedro, nos tem feito para empreender uma nova evangelização, muito conscientes de que evangelizar é necessariamente anunciar com alegria o nome, a doutrina, a vida, as promessas, o Reino e o mistério de Jesus de Nazaré, Filho de Deus (cf. EN 22).

Querigma e catequese. A partir da situação generalizada de muitos batizados na América Latina, que não deram sua adesão pessoal a Jesus Cristo pela conversão primeira, impõe-se, no ministério profético da Igreja, de modo prioritário e fundamental, a proclamação vigorosa do anúncio de Jesus morto e ressuscitado (querigma, cf. RMi, 44), raiz de toda evangelização, fundamento de toda promoção humana e princípio de toda autêntica cultura cristã (cf. João Paulo II, *Discurso inaugural*, 25).

Este ministério profético da Igreja compreende também a catequese que, atualizando incessantemente a revelação amorosa de Deus manifestada em Jesus Cristo, leva a fé inicial à sua maturidade e educa o verdadeiro discípulo de Jesus Cristo (cf. CT 19). Ela deve nutrir-se da Palavra de Deus, lida e interpretada na Igreja e celebrada na comunidade, para que, ao esquadrinhar o mistério de Cristo, ajude a apresentá-lo como Boa-Nova nas situações históricas de nossos povos.

Pertence igualmente ao ministério profético da Igreja o serviço que os teólogos prestam ao Povo de Deus (cf. João Paulo II, *Discurso inaugural*, 7). Sua tarefa, enraizada na Palavra de Deus e realizada em aberto diálogo com os pastores, em plena fidelidade ao magistério, é nobre e necessária. Seu trabalho, assim realizado, pode contribuir para a inculturação da fé e a evangelização das culturas, como também para nutrir uma teologia que impulsione a pastoral, que promova a vida cristã integral, até a busca da santidade. Um trabalho teológico assim compreendido impulsiona a ação em favor da justiça social, dos direitos humanos e da solidariedade com os mais pobres. Não esquecemos, contudo, que a função profética de Cristo é participada por todo o "povo santo de Deus" e que este a exerce, em primeiro lugar, "difundindo seu testemunho vivo sobretudo com a vida de fé e caridade" (LG 12). O testemunho de vida cristã é a primeira e insubstituível forma de evangelização, como o fez presente vigorosamente Jesus em várias ocasiões (cf. Mt 7,21-23; 25,31-46; Lc 10,37; 19,1-10) e o ensinaram também os apóstolos (cf. Tg 2,14-18).

Celebração litúrgica

34. A Igreja santa encontra o sentido último de sua convocação na vida de oração, louvor e ação de graças que o céu e a terra dirigem a Deus por "suas obras grandes e maravilhosas" (Ap 15,3s; 7,9-17). Esta é a razão pela qual a liturgia "é o cume ao

qual tende a atividade da Igreja e, ao mesmo tempo, a fonte de onde emana a sua força" (SC 10). Mas a liturgia é ação do Cristo total, cabeça e membros, e, como tal, deve expressar o sentido mais profundo de sua oblação ao Pai: obedecer, fazendo de toda a sua vida a revelação do amor do Pai pelos homens. Assim como a celebração da última ceia está essencialmente unida à vida e ao sacrifício de Cristo na cruz e o faz cotidianamente presente pela salvação de todos os homens, assim também, os que louvam a Deus reunidos em torno do Cordeiro são os que mostram em suas vidas os sinais testemunhais da entrega de Jesus (cf. Ap 7,13s). Por isso, o culto cristão deve expressar a dupla vertente da obediência ao Pai (glorificação) e da caridade com os irmãos (redenção), pois a glória de Deus é que o homem viva. Com o qual, longe de alienar aos homens, liberta-os e os faz irmãos.

35. O serviço litúrgico, assim realizado na Igreja, tem por si mesmo, um valor evangelizador que a nova evangelização deve situar em lugar de grande destaque. Na liturgia, Cristo salvador se faz presente hoje. A liturgia é o anúncio e realização dos feitos salvíficos (cf. SC 6) que nos chegam a tocar sacramentalmente; por isso, convoca, celebra e envia. É exercício da fé, útil tanto para quem tem uma fé robusta como para quem a tem débil, e inclusive para o não-crente (cf. 1Cor 14,24-25). Sustenta o compromisso com a promoção humana, enquanto orienta os fiéis a assumir sua responsabilidade na construção do Reino, "para que se ponha de manifesto que os fiéis cristãos, sem ser deste mundo, são a luz do mundo" (SC 9). A celebração não pode ser algo separado ou paralelo à vida (cf. 1Pd 1,15). Por último, é especialmente pela liturgia que o Evangelho penetra no coração das culturas. Toda a cerimônia litúrgica de cada sacramento tem também um valor pedagógico; a linguagem dos signos é o melhor veículo para que "a mensagem de Cristo penetre nas consciências das pessoas e (daí) se projete no 'ethos' de um povo, em suas atitudes vitais, em suas instituições e em todas as suas estruturas" (João Paulo II, *Discurso inaugural*, 20; e cf. João Paulo II, *Discurso aos intelectuais*, Medellín, 5 de julho de 1986, 2). Por isso, as formas de celebração litúrgica

devem ser aptas para expressar o mistério que se celebra e, por sua vez, ser claras e inteligíveis para os homens e mulheres (João Paulo II, *Discurso à UNESCO*, 2 de junho de 1980, 6).

Religiosidade popular

36. A religiosidade popular é uma expressão privilegiada da inculturação da fé. Não se trata só de expressões religiosas, mas de valores, critérios, condutas e atitudes que nascem do dogma católico e constituem a sabedoria de nosso povo, formando-lhe a matriz cultural. Esta celebração da fé, tão importante na vida da Igreja da América Latina e do Caribe, está presente em nossa preocupação pastoral. As palavras de Paulo VI (cf. EN 48), recebidas e desenvolvidas pela conferência de Puebla em propostas claras, são ainda hoje válidas (cf. P 444ss). É necessário que reafirmemos nosso propósito de continuar os esforços por compreender cada vez melhor e acompanhar com atitudes pastorais as maneiras de sentir e viver, compreender e expressar o mistério de Deus e de Cristo por parte de novos povos, para que, purificados de suas possíveis limitações e desvios, cheguem a encontrar seu lugar próprio em nossas Igrejas locais e em sua ação pastoral.

Contemplação e compromisso

37. Queremos concluir estas palavras acerca da Igreja como mistério de comunhão que se realiza plenamente na santidade de seus membros, recordando e agradecendo a Deus a vida contemplativa e monástica presente hoje na América Latina. A santidade, que é o desenvolvimento da vida de fé, esperança e caridade recebida no batismo, busca a contemplação do Deus que ama e de Jesus Cristo, seu filho. A ação profética não se entende, nem é verdadeira e autêntica, senão a partir de um real e amoroso encontro com Deus que atrai irresistivelmente (cf. Am 3,8; Jr 20,7-9; Os 2,16s). Sem capacidade de contemplação, a liturgia, acesso a Deus através de sinais, converte-se em ação carente de profundidade. Agradecemos a Deus a presença de homens e

mulheres consagrados à contemplação em uma vida segundo os conselhos evangélicos. São um sinal vivo da santidade de todo o Povo de Deus e um chamado poderoso a todos os cristãos para crescer na oração, como expressão de fé ardente e comprometida, de amor fiel que contempla a Deus em sua vida íntima trinitária e em sua ação salvífica na história, e de inquebrantável esperança naquele que há de voltar para introduzir-nos na glória de seu Pai, que é também nosso Pai (cf. Jo 20,17).

Desafios pastorais

38. As considerações acima acerca da santidade da Igreja, de seu caráter profético e de sua vocação celebrativa levam-nos a reconhecer alguns desafios que nos parecem fundamentais, aos quais é preciso responder para que a Igreja seja na América Latina e no Caribe plenamente o mistério da comunhão dos homens com Deus e entre si.

Na Igreja, multiplicam-se os grupos de oração, os movimentos apostólicos, formas novas de vida e de espiritualidade contemplativa, além de diversas expressões da religiosidade popular. Muitos leigos tomam consciência de sua responsabilidade pastoral em suas diversas formas. Cresce o interesse pela Bíblia, que exige uma pastoral bíblica adequada, que dê aos fiéis leigos critérios para responder às insinuações de uma interpretação fundamentalista ou de um afastamento da vida na Igreja para refugiar-se nas seitas.

39. Entre nós, católicos, o desconhecimento da verdade sobre Jesus Cristo e das verdades fundamentais da fé é um fato muito freqüente e, em alguns casos, essa ignorância está vinculada a uma perda do sentido do pecado. Freqüentemente a religiosidade popular, apesar de seus imensos valores, não está purificada de elementos alheios à autêntica fé cristã, nem leva sempre à adesão pessoal a Cristo morto e ressuscitado.

40. Pregamos pouco acerca do Espírito que age nos corações e os converte, tornando possível a santidade, o desenvolvimento das virtudes e o vigor para tomar, a cada dia, a cruz de Cristo (cf. Mt 10,38; 16,24).

41. Tudo isto nos obriga a insistir na importância do primeiro anúncio (querigma) e na catequese. Damos graças a Deus pelos esforços de tantas e tantos catequistas que cumprem seu serviço eclesial com sacrifício, selado, às vezes, com suas vidas. Contudo, devemos reconhecer como pastores que muito há por fazer. Existe ainda muita ignorância religiosa, a catequese não chega a todos, quando não chega de forma superficial, incompleta quanto a seus conteúdos, ou puramente intelectual, sem força para transformar a vida das pessoas e de seus ambientes.

42. É notória a perda da prática da "direção espiritual", que seria muito necessária para a formação dos leigos mais comprometidos, além de ser condição para que amadureçam vocações sacerdotais e religiosas.

43. Quanto à liturgia, muito resta a ser feito tanto para assimilar em nossas celebrações a renovação litúrgica desencadeada pelo Concílio Vaticano II, como para ajudar os fiéis a fazer da celebração eucarística a expressão de seu compromisso pessoal e comunitário com o Senhor. Ainda não se alcançou plena consciência do que significa a centralidade da liturgia como fonte e cume da vida eclesial. Perdeu-se para muitos o sentido do "dia do senhor" e da conseqüente exigência eucarística. Persiste a pouca participação da comunidade cristã, e surge quem queira se apropriar da liturgia sem considerar seu verdadeiro sentido eclesial. Descuidou-se da séria e permanente formação litúrgica segundo as instruções e documentos do magistério em todos os níveis (cf. carta apostólica *Vicesimus Quintus Annus*). Ainda não se dá atenção ao processo de uma sã inculturação da liturgia. Isto faz com que as celebrações sejam ainda, para muitos, algo ritualista e privado que não os leva à consciência da presença transformadora de Cristo e de seu Espírito, nem se traduz em compromisso solidário para a transformação do mundo.

44. A conseqüência de tudo isto é uma falta de coerência entre a fé e a vida de muitos católicos, incluídos, às vezes, nós mesmos ou alguns de nossos agentes pastorais. A falta de formação doutrinal e de profundidade na vida de fé faz de muitos católicos

presa fácil do secularismo, do hedonismo e do consumismo, que invadem a cultura moderna e, em todo caso, os incapacita de evangelizá-la.

Linhas pastorais

45. A nova evangelização exige uma renovada espiritualidade que, iluminada pela fé que se proclama, anime com a sabedoria de Deus a autêntica promoção humana e seja o fermento de uma cultura cristã. Pensamos que é preciso continuar e acentuar a formação doutrinal e espiritual dos fiéis cristãos, e, em primeiro lugar, do clero, religiosos e religiosas, catequistas e agentes pastorais, destacando claramente a primazia da graça de Deus que salva por Jesus Cristo na Igreja, por meio da caridade vivida e através da eficácia dos sacramentos.

46. É preciso anunciar Jesus de modo a que o encontro com ele leve ao reconhecimento do pecado na própria vida e à conversão, em uma experiência profunda da graça do Espírito recebida no batismo e na confirmação. Isto supõe uma revalorização do sacramento da penitência, cuja pastoral deveria prolongar-se na direção espiritual de quem mostra maturidade suficiente para aproveitá-la.

47. Devemos zelar para que todos os membros do Povo de Deus assumam a dimensão contemplativa de sua consagração batismal e "aprendam a orar", imitando o exemplo de Jesus Cristo (cf. Lc 11,1), de maneira que a oração esteja sempre integrada com a missão apostólica da comunidade cristã e no mundo. Diante de muitos — inclusive cristãos — que buscam, em práticas alheias ao cristianismo, respostas às suas ânsias de vida interior, devemos saber oferecer a rica doutrina e a longa experiência da Igreja.

48. Tal evangelização de Cristo e de sua vida divina em nós deve mostrar a exigência iniludível de acomodar a conduta ao modelo que ele nos oferece. A coerência da vida dos cristãos com sua fé é condição da eficácia da nova evangelização. Para isso é necessário conhecer bem as situações concretas vividas pelo homem contemporâneo, para oferecer-lhe a fé como elemento iluminador. Isto supõe também uma clara pregação moral cristã,

que abarque tanto a conduta pessoal e familiar como a social. A prática de pequenas comunidades pastoralmente bem assistidas constitui um bom meio para aprender a viver a fé em estreita comunhão com a vida e com projeção missionária. Neste campo, é muito significativa a contribuição dos movimentos apostólicos.

49. A nova evangelização deve insistir numa catequese querigmática e missionária. Requerem-se, para a vitalidade da comunidade eclesial, mais catequistas e agentes pastorais, dotados de sólido conhecimento da Bíblia, que os capacite para lê-la, à luz da Tradição e do Magistério da Igreja e para iluminar, a partir da Palavra de Deus, sua própria realidade pessoal, comunitária e social. Eles serão instrumentos especialmente eficazes da inculturação do Evangelho. Nossa catequese há de ter um itinerário contínuo que vá da infância à idade adulta, utilizando os meios mais adequados para cada idade e situação. Os catecismos são subsídios muito importantes para a catequese. São, ao mesmo tempo, caminho e fruto de um progresso de inculturação da fé. O *Catecismo da Igreja* católica, já anunciado pelo papa João Paulo II, orientará a elaboração de nossos futuros catecismos.

50. A função profética da Igreja que anuncia Jesus Cristo deve mostrar sempre os sinais da verdadeira "valentia" (parresía: cf. At 4,13; 1Ts 2,2) em total liberdade diante de qualquer poder deste mundo. Parte necessária de toda pregação e de toda catequese deve ser a Doutrina Social da Igreja, que constitui a base e o estímulo da autêntica opção preferencial pelos pobres.

51. Nossas Igrejas locais, que se expressam plenamente na liturgia e em primeiro lugar na Eucaristia, devem promover uma séria e permanente formação litúrgica do Povo de Deus em todos os seus níveis, a fim de que ele possa viver a liturgia espiritual consciente e ativamente. Esta formação deverá ter em conta a presença viva de Cristo na celebração, seu valor pascal e festivo, o papel ativo que cabe à assembléia e seu dinamismo missionário. Preocupação especial deve ser promover e dar uma séria formação a quem esteja encarregado de dirigir a oração e a celebração da Palavra na ausência do sacerdote. Parece-nos, enfim, urgente dar ao domingo, aos tempos litúrgicos e

à celebração da Liturgia das Horas todo o seu sentido e força evangelizadora.

52. A celebração comunitária deve ajudar a integrar em Cristo e em seu mistério os acontecimentos da própria vida, deve fazer crescer na fraternidade e na solidariedade, deve atrair a todos.

53. Temos de promover uma liturgia que, em total fidelidade ao espírito que o Concílio Vaticano II quis recuperar em toda a sua pureza, busque, dentro das normas dadas pela Igreja, a adoção das formas, sinais e ações próprios das culturas da América Latina e Caribe. Nesta tarefa, dever-se-á dar uma especial atenção à valorização da piedade popular, que encontra sua expressão especialmente na devoção à santíssima Virgem, nas peregrinações aos santuários e nas festas religiosas, iluminadas pela Palavra de Deus. Se nós, os pastores, não nos empenharmos a fundo em acompanhar as expressões de nossa religiosidade popular, purificando-as e abrindo-as a novas situações, o secularismo impor-se-á mais fortemente a nosso povo latino-americano e a inculturação do Evangelho será mais difícil.

1.2. Comunidades eclesiais vivas e dinâmicas

54. "Que todos sejam um. Como tu, Pai, estás em mim e eu em ti, que eles estejam em nós, para que o mundo creia que tu me enviaste" (Jo 17,21). Esta é a oração de Jesus Cristo por sua Igreja. Ele pediu para ela que viva a unidade, segundo o modelo da unidade trinitária (cf. GS 24). Assim procuraram viver os primeiros cristãos em Jerusalém.

Conscientes de que o momento histórico que vivemos exige que delineemos "o rosto de uma Igreja viva e dinâmica que cresce na fé, se santifica, ama, sofre, se compromete e espera em seu Senhor" (João Paulo II, *Discurso inaugural*, 25), queremos voltar a descobrir o Senhor ressuscitado que hoje vive em sua Igreja, se entrega a ela, santifica-a (cf. Ef 5,25-26) e a torna sinal da união de todos os homens entre si e com Deus. (cf. LG 1).

Queremos refletir este "rosto" em nossas Igrejas particulares, paróquias e demais comunidades cristãs. Buscamos dar impulso evangelizador à nossa Igreja a partir de uma vivência de comunhão e participação que já se experimenta em diversas formas de comunidades existentes em nosso continente.

1.2.1. A Igreja particular

55. As Igrejas particulares têm como missão prolongar para as diversas comunidades "a presença e a ação evangelizadora de Cristo" (P 224), já que são "formadas à imagem da Igreja universal nas quais e, a partir das quais, existe uma só e única Igreja católica (LG 23).

    A Igreja particular é chamada a viver o dinamismo de comunhão-missão: "a comunhão e a missão estão profundamente unidas entre si; compenetram-se e se implicam mutuamente, ao ponto de a comunhão representar, ao mesmo tempo, a fonte e o fruto da missão... sempre é o único e idêntico Espírito que convoca e une a Igreja e o que a envia a pregar o Evangelho até os confins da terra" (ChL 32).

    A Igreja particular é igualmente "comunhão orgânica... caracterizada pela simultânea presença da diversidade e da complementaridade das vocações e condições de vida, dos ministérios, dos carismas e das responsabilidades" (ChL 20).

    "Na unidade da Igreja local, que tem origem na Eucaristia, encontra-se todo o colégio episcopal com o sucessor de Pedro à frente, como pertencendo à própria essência da Igreja particular. Em torno do bispo e em perfeita comunhão com ele, devem florescer as paróquias e as comunidades cristãs como células vivas e pujantes da vida eclesial" (João Paulo II, *Discurso inaugural*, 25).

    A Igreja particular, conforme o seu ser e a sua missão, por congregar o Povo de Deus de um lugar ou região, conhece de perto a vida, a cultura, os problemas de seus integrantes e é chamada a gerar ali, com todas as suas forças, sob a ação do Espírito, a nova evangelização, a promoção humana e a inculturação da fé (cf. RMi 54).

56. Em geral, nossas dioceses carecem de suficientes e qualificados agentes de pastoral. Muitas delas ainda não possuem um claro e

verdadeiro planejamento de pastoral. É urgente avançar no caminho da comunhão e participação que, muitas vezes, é dificultado pela falta do sentido de Igreja e do autêntico espírito missionário.

57. Por isso é indispensável:

— promover o aumento e a adequada formação dos agentes para os diversos campos da ação pastoral, conforme a eclesiologia do Vaticano II e o Magistério posterior;

— impulsionar processos globais, orgânicos e planificados que facilitem e promovam a integração de todos os membros do Povo de Deus, das comunidades e dos diversos carismas, e os oriente à nova evangelização, inclusive a missão *ad gentes*.

1.2.2. A paróquia

58. A paróquia, comunidade de comunidades e movimentos, acolhe as angústias e esperanças dos homens, anima e orienta a comunhão, participação e missão. "Não é principalmente uma estrutura, um território, um edifício; é a família de Deus, como uma fraternidade animada pelo Espírito de unidade"... "A paróquia se funda sobre uma realidade teológica porque ela é uma comunidade eucarística"... "A paróquia é comunidade de fé, e uma comunidade orgânica... na qual o pároco, que representa o bispo diocesano, é o vínculo hierárquico com toda a Igreja particular " (ChL 26).

Se a paróquia é a Igreja que se encontra entre as casas dos homens, ela vive e trabalha profundamente inserida na sociedade humana e intimamente solidária com suas aspirações e dificuldades.

A paróquia tem a missão de evangelizar, de celebrar a liturgia, de fomentar a promoção humana, de fazer progredir a inculturação da fé nas famílias, nas CEBs, nos grupos e movimentos apostólicos, e através deles, em toda a sociedade.

A paróquia, comunhão orgânica e missionária, é assim uma rede de comunidades.

59. Mas ainda é lento o processo de renovação da paróquia em seus agentes de pastoral e na participação dos fiéis leigos.

É urgente e indispensável dar solução às interrogações que se apresentam às paróquias urbanas, para que estas possam responder aos desafios da nova evangelização. Há defasagem entre o ritmo da vida moderna e os critérios que ordinariamente animam a paróquia.

60. Temos de pôr em prática estas grandes linhas:

— Renovar as paróquias a partir de estruturas que permitam setorizar a pastoral, mediante pequenas comunidades eclesiais nas quais apareça a responsabilidade dos fiéis leigos.

— Qualificar a formação e participação dos leigos, capacitando-os para encarnar o Evangelho nas situações específicas onde vivem ou atuam.

— Nas paróquias urbanas, privilegiam-se planos de conjunto em áreas homogêneas, para organizar serviços ágeis que facilitem a nova evangelização.

— Renovar sua capacidade de acolhida e seu dinamismo missionário com os fiéis afastados e multiplicar a presença física da paróquia mediante a criação de capelas e pequenas comunidades.

1.2.3. As comunidades eclesiais de base

61. A comunidade eclesial de base é célula viva da paróquia, entendida como comunhão orgânica e missionária.

A CEB, em si mesma, ordinariamente integrada por poucas famílias, é chamada a viver como comunidade de fé, de culto e de amor; será animada por leigos, homens e mulheres adequadamente preparados no processo comunitário; os animadores estarão em comunhão com o pároco respectivo e o bispo.

"As comunidades eclesiais de base devem caracterizar-se por uma decidida projeção universalista e missionária, que lhes infunda um renovado dinamismo apostólico" (João Paulo II, *Discurso inaugural*, 25). "São um sinal da vitalidade da Igreja, instrumento de formação e de evangelização, um ponto de partida válido para uma nova sociedade fundada sobre a civilização do amor" (RMi 51).

62. Quando não existe uma clara fundamentação eclesiológica e uma busca sincera de comunhão, estas comunidades deixam de ser eclesiais e podem ser vítimas de manipulação ideológica e política.

63. Consideramos necessário:

— Ratificar a validade das comunidades eclesiais de base, fomentando nelas um espírito missionário e solidário e buscando sua integração com a paróquia, com a diocese e com a Igreja universal, em conformidade com os ensinamentos da *Evangelii Nuntiandi* (cf. EN 58).

— Elaborar planos de ação pastoral que assegurem a preparação dos animadores leigos que assistam estas comunidades, em íntima comunhão com o pároco e o bispo.

1.2.4. A família cristã

64. A família cristã é "Igreja doméstica", primeira comunidade evangelizadora. "Apesar dos problemas que afligem atualmente o matrimônio e a instituição familiar, esta, como 'célula primeira e vital da sociedade', pode gerar energias formidáveis, necessárias para o bem da humanidade" (João Paulo II, *Discurso inaugural*, 18). É necessário fazer da pastoral familiar uma prioridade básica, sentida, real e atuante. Básica, como fronteira da nova evangelização. Sentida, isto é, acolhida e assumida por toda a comunidade diocesana. Real, porque será respaldada, concreta e decididamente, no acompanhamento do bispo diocesano e seus párocos. Atuante significa que deve estar inserida numa pastoral orgânica. Esta pastoral deve estar em sincronia com instrumentos pastorais científicos. Necessita ser acolhida a partir de seus próprios carismas pelas comunidades religiosas e movimentos em geral.

1.3. NA UNIDADE DO ESPÍRITO,
COM DIVERSIDADE DE MINISTÉRIOS E CARISMAS

65. O batismo nos constitui Povo de Deus, membros vivos da Igreja. Pela ação do Espírito Santo participamos de todas as riquezas da graça que o Ressuscitado nos doa.

É o Espírito que nos dá a possibilidade de reconhecer Jesus como Senhor e nos leva a construir a unidade da Igreja, a partir de distintos carismas que ele nos confia para "proveito comum" (cf. 1Cor 12,3-11). Eis nossa grandeza e nossa responsabilidade: ser portadores da mensagem salvadora para os demais.

66. Assim, o ministério salvífico de Cristo (cf. Mt 20,28; Jo 10,10) se atualiza através do serviço de cada um de nós. Existimos e servimos a uma Igreja rica em ministérios.

1.3.1. Os ministérios ordenados

67. O ministério dos bispos, em comunhão com o sucessor de Pedro, e o dos presbíteros e diáconos é essencial para que a Igreja responda ao desígnio salvífico de Deus pelo anúncio da Palavra, pela celebração dos sacramentos e pela guia pastoral. O ministério ordenado é sempre um serviço à humanidade com vistas ao Reino. Recebemos "a força do Espírito Santo" (cf. At 1,8) para ser testemunha de Cristo e instrumentos de vida nova.

Voltemos a escutar hoje a voz do Senhor que, em meio aos desafios do momento atual, nos chama e envia; queremos permanecer fiéis ao Senhor e aos homens e mulheres, sobretudo os mais pobres, para cujo serviço fomos consagrados.

a) O desafio da unidade

68. O Concílio nos recordou a dimensão "comunitária de nosso ministério: colegialidade episcopal, comunhão presbiteral, unidade entre os diáconos. No âmbito continental e em cada uma de nossa Igrejas particulares, já existem organismos de integração e coordenação. É notório o esforço de unidade com os religiosos que partilham os esforços pastorais em cada diocese.

Reconhecemos, contudo, que existem causas de preocupação em nossas Igrejas particulares: divisões e conflitos que nem sempre refletem a unidade querida pelo Senhor.

Por outro lado, a escassez de ministros e a sobrecarga de trabalho que o exercício do ministério impõe a alguns fazem com que muitos permaneçam isolados.

Faz-se, portanto, necessário viver a reconciliação na Igreja, percorrer ainda o caminho de unidade e de comunhão de nós, os pastores, entre nós e com as pessoas e comunidades a nós confiadas.

69. Por isso nos propomos:

— Manter as estruturas que estão a serviço da comunhão entre os ministros ordenados, prestando especial atenção aos respectivos papéis subsidiários, sem detrimento das competências próprias, em conformidade com o direito da Igreja. Segundo as necessidades e o que ensina a experiência, tais estruturas podem ser revistas e redimensionadas pelo esclarecimento de sua competência e natureza. Entre estas instâncias, estão as conferências episcopais, as províncias e regiões eclesiásticas, os conselhos presbiterais e, em nível continental, o CELAM.

— Na formação inicial dos futuros pastores e na formação permanente dos bispos, presbíteros e diáconos, queremos impulsionar, muito especialmente, o espírito de unidade e comunhão.

b) A exigência de uma vida espiritual profunda

70. O sacerdócio procede da profundidade do inefável mistério de Deus. Nossa existência sacerdotal nasce do amor do Pai, da graça de Jesus Cristo e da ação santificadora e unificante do Espírito Santo; esta mesma existência se vai realizando para o serviço de uma comunidade, a fim de que todos se façam dóceis à ação salvadora de Cristo (cf. Mt 20,28; PDV 12).

O sínodo episcopal de 1990 e a exortação pós-sinodal *Pastores Dabo Vobis* delinearam claramente as notas características de uma espiritualidade sacerdotal, insistindo profundamente na caridade pastoral (cf. PDV, cap. 3).

71. Por estas razões nos propomos:

— Buscar em nossa oração litúrgica e particular e em nosso ministério uma permanente e profunda renovação espiritual, para que nos lábios, no coração e na vida de cada um de nós Jesus Cristo esteja sempre presente.

— Crescer no testemunho de santidade de vida a que somos chamados, com a ajuda dos meios que já temos em nossas mãos: "Os encontros de espiritualidade sacerdotal, como os exercícios espirituais, os dias de retiro ou de espiritualidade" (PDV 80) e outros recursos assinalados no Documento Pontifício pós-sinodal.

c) A urgência da formação permanente

72. São Paulo recomenda a seu discípulo que reavive o dom que recebeu pela imposição das mãos (cf. 2Tm 1,6). João Paulo II nos lembrou que a Igreja necessita apresentar modelos fidedignos de sacerdotes que sejam ministros convictos e fervorosos da nova evangelização (cf. ODV, 8 e cap. 6).

Há uma consciência crescente de necessidade e integralidade da formação permanente, entendida e aceita como caminho de conversão e meio para a fidelidade. As implicações concretas desta formação para o compromisso do sacerdote com a nova evangelização exigem criar alicerces concretos que a possam assegurar. Cada vez aparece com mais clareza a necessidade de acompanhar o processo de crescimento, tentando fazer com que os desafios que o secularismo e a injustiça suscitam possam ser assimilados e respondidos a partir da caridade pastoral. Igual atenção havemos de prestar aos sacerdotes idosos ou enfermos.

73. Consideramos importante:

— Elaborar projetos e programas de formação permanente para bispos, sacerdotes e diáconos, as comissões nacionais do clero e os conselhos presbiterais.

— Motivar e apoiar todos os ministros ordenados para uma formação permanente, estruturada conforme as orientações do magistério pontifício.

d) A indispensável aproximação com nossas comunidades

74. O bom pastor conhece suas ovelhas e por elas é conhecido (cf. Jo 10,14). Servos da comunhão, queremos velar por nossas

comunidades com entrega generosa, sendo modelos para o rebanho (cf. 1Pd 5,1-5). Queremos que nosso serviço humilde faça sentir a todos que fazemos presente Cristo Cabeça, bom Pastor e Esposo da Igreja (cf. PDV 10).

A aproximação com cada uma das pessoas permite aos pastores partilhar com elas as situações de dor e ignorância, de pobreza e de marginalização, as aspirações de justiça e libertação. É todo um programa para viver melhor nossa condição de ministros da reconciliação (cf. 2Cor 5,18), dando a cada um motivos de esperança (cf. 1Pd 3,15), pelo anúncio salvador de Jesus Cristo (cf. Gl 5,1).

75. — Nós, bispos, nos propomos organizar melhor uma pastoral de acompanhamento de nossos presbíteros e diáconos, para apoiar os que se encontram em ambientes especialmente difíceis.

— Todos os ministros queremos conservar uma presença humilde e acessível no meio de nossas comunidades, para que todos possam sentir a misericórdia de Deus. Queremos ser testemunhas de solidariedade com nossos irmãos.

e) *A atenção aos diáconos permanentes*

76. O ministério dos diáconos é de importância para o serviço de comunhão na América Latina. Eles são, de forma muito privilegiada, sinais do Senhor Jesus que "não veio para ser servido, mas para servir e dar a sua vida em resgate por muitos" (Mt 20,28). Seu serviço será o testemunho evangélico em face de uma história em que a iniquidade se faz cada vez mais presente e se esfria a caridade (cf. Mt 24,12).

Para uma nova evangelização que, pelo serviço da Palavra e a doutrina social da Igreja, responda às necessidades de promoção humana e vá gerando uma cultura de solidariedade, o diácono permanente, por sua condição de ministro ordenado e inserido nas complexas situações humanas, tem um amplo campo de serviço em nosso continente.

77. Queremos reconhecer nossos diáconos mais pelo que são do que pelo que fazem.

— Queremos acompanhar nossos diáconos no discernimento, para que tenham uma formação inicial e permanente, adequada à sua condição.

— Continuaremos nossa reflexão sobre a espiritualidade própria dos diáconos, fundamentada em Cristo servo, para que vivam com profundo sentido de fé sua entrega à Igreja e sua integração com o presbitério diocesano.

— Queremos ajudar os diáconos casados para que sejam fiéis a sua dupla sacramentalidade: a do matrimônio e a da ordem, para que suas esposas e filhos vivam e participem com eles da diaconia. A experiência de trabalho e seu papel de pais e esposos constituem-nos colaboradores muito qualificados para abordar diversas realidades urgentes em nossas Igrejas particulares.

— Propomo-nos a criar os espaços necessários para que os diáconos colaborem na animação dos serviços na Igreja, detectando e promovendo líderes, estimulando a co-responsabilidade de todos para uma cultura de reconciliação e solidariedade. Há situações e lugares, principalmente nas zonas rurais distantes, e nas grandes áreas urbanas densamente povoadas, onde só através do diácono um ministro ordenado se faz presente.

1.3.2. As vocações ao ministério presbiteral e os seminários

78. "Naqueles dias, ele foi à montanha para orar e passou a noite inteira em oração a Deus. Depois que amanheceu, chamou os discípulos e dentre eles escolheu doze, aos quais deu o nome de apóstolos" (Lc 6,12-13; Mc 3,13-14).

"Ao ver a multidão teve compaixão dela, porque estava cansada e abatida como ovelhas sem pastor" (Mt 9,36-38).

No marco de uma Igreja "comunhão para a missão", o Senhor, que nos chama todos à santidade, chama alguns para o serviço sacerdotal.

a) A pastoral vocacional: uma prioridade

79. Estamos diante de fatos inegáveis: há um aumento das vocações sacerdotais, cresceu o interesse por uma pastoral que apresente aos jovens, com clareza, a possibilidade de um chamado do Senhor.

   Mas os jovens chamados não podem escapar às mudanças familiares, culturais, econômicas e sociais do momento. A desintegração familiar pode impedir uma experiência de amor que prepara para a entrega generosa de toda a vida. O contágio de uma sociedade "permissiva" e consumista não favorece uma vida de austeridade e sacrifício. Pode acontecer que a motivação vocacional esteja, sem que o candidato queira, viciada por razões não-evangélicas.

80. Por isso consideramos muito importante:

   — Estruturar uma pastoral vocacional inserida na pastoral orgânica da diocese, em estreita vinculação com a pastoral familiar e a da juventude. É urgente preparar agentes e encontrar recursos para este campo de pastoral e apoiar o compromisso dos leigos na promoção de vocações consagradas.

   — Fundamentar a pastoral vocacional na oração, na freqüência aos sacramentos da eucaristia e da penitência, na catequese da confirmação, na devoção mariana, no acompanhamento com a direção espiritual e num compromisso missionário concreto: estes são os principais meios que auxiliarão os jovens em seu discernimento.

   — Procurar estimular as vocações provenientes de todas as culturas presentes em nossas Igrejas particulares. O papa nos convidou a prestar atenção às vocações indígenas (cf. *Mensagem aos indígenas*, 6; *Mensagem aos afro-americanos*, 5).

81. Mantêm validade os seminários menores e centros afins, devidamente adaptados às condições da época atual para os jovens dos últimos anos do curso médio, nos quais começa a manifestar-se um forte desejo de optar pelo sacerdócio. Em alguns países e em ambientes familiares deteriorados, são necessárias estas instituições para que os jovens cresçam em sua vivência cristã e possam fazer uma opção vocacional mais madura.

82. Ante o ressurgimento de vocações entre os adolescentes, é nossa tarefa a sua adequada promoção, discernimento e formação.

— Em nossa pastoral vocacional, levaremos bastante em conta as palavras do Santo Padre: "Condição indispensável para a nova evangelização é poder contar com evangelizadores numerosos e qualificados. Por isso, a promoção das vocações sacerdotais e religiosas... há de ser uma prioridade dos bispos e um compromisso de todo o Povo de Deus" (João Paulo II, *Discurso inaugural*, 26).

b) Os seminários

83. Sinal de alegria e esperança é o nascimento de seminários maiores em nosso continente e o aumento do número de alunos neles.

Em geral, trabalha-se por um ambiente favorável à direção espiritual e procura-se atualizar a formação, especialmente pastoral, dos futuros sacerdotes.

Preocupa, no entanto, a dificuldade para reunir a equipe de formadores adequada às necessidades de cada seminário, em detrimento da qualidade da formação.

Em muitos casos, o meio social do qual os candidatos provêm "marca-os" com modos de vida muito secularizados ou os faz chegar ao seminário com limitações em sua formação humana ou intelectual, quando não nos fundamentos de sua fé cristã.

84. Diante destas realidades, propomo-nos:

— Assumir plenamente as diretrizes da exortação pós-sinodal *Pastores Dabo Vobis* e rever, a partir dela, nossas "Normas básicas para a formação sacerdotal" em cada país.

— Selecionar e preparar formadores, aproveitando os cursos oferecidos pelo CELAM e outras instituições. Antes de abrir um seminário, é necessário assegurar a presença da equipe de formadores.

— Rever a orientação oferecida em cada um dos nossos seminários, para que corresponda às exigências da nova evangelização, com suas conseqüências para a promoção humana e a inculturação do Evangelho. Sem diminuir as exigências de uma séria formação integral, dispensar particular interesse ao desafio representado pela formação sacerdotal dos candidatos provenientes de culturas indígenas e afro-americanas.

— Procurar uma formação integral que, já desde o seminário, disponha para a formação permanente do sacerdote.

1.3.3. A vida consagrada

85. A vida consagrada que, como dom do Espírito Santo, pertence à vida íntima e à santidade da Igreja (LG 44; EN 69), é manifestada pelo testemunho heróico de muitas religiosas e religiosos que, a partir de sua singular aliança com Deus, fazem presente, em todas as situações, até as mais difíceis, a força do Evangelho.

Pela vivência fiel dos conselhos evangélicos, participam do mistério e da missão de Cristo, irradiam os valores do Reino, glorificam a Deus, animam a própria comunidade eclesial e interpelam a sociedade (cf. Lc 4,14-21; 9,1-6). Os conselhos evangélicos têm uma profunda dimensão pascal, já que supõem identificação com Cristo, em sua morte e ressurreição (João Paulo II, *Os caminhos do Evangelho*, 7).

Por sua experiência testemunhal, a vida religiosa "há de ser sempre evangelizadora para que os necessitados da luz da fé acolham com alegria a Palavra da salvação; para que os pobres e os mais esquecidos sintam a proximidade da solidariedade fraterna; para que os marginalizados e abandonados experimentem o clamor de Cristo; para que os sem voz se sintam escutados; para que os tratados injustamente encontrem defesa e ajuda" (João Paulo II, Homilia na Catedral de Santo Domingo, 10 de outubro de 1992, 8).

A Virgem Maria, que pertence tão profundamente à identidade cristã de nossos povos latino-americanos (cf. P 283), é modelo de vida para os consagrados e apoio seguro de sua fidelidade.

Na base do Concílio Vaticano II e sob o impulso de Medellín e Puebla, houve um esforço de renovação dos religiosos, uma "volta às fontes" e à primitiva inspiração dos institutos (cf. *Perfectae Caritatis*, 2). As conferências de Superiores Maiores desempenham importante papel para a vida consagrada; respeitando o fim e o espírito de cada instituto, tratam de assuntos comuns e estabelecem a conveniente cooperação com os pastores da Igreja (cf. CIC 708).

A vida consagrada, dom peculiar de Deus à sua Igreja, é necessariamente eclesial e enriquece as Igrejas particulares. Os religiosos da América Latina renovam sua adesão ao Papa. A partir das disposições de *Mutuae Relationes*, é preciso um esforço de maior conhecimento recíproco entre as diversas formas de vida consagrada e as Igrejas particulares.

86. De singular fecundidade evangelizadora e missionária é a vida contemplativa; ela dá testemunho, com toda a sua vida, da primazia do absoluto de Deus. Com alegria constatamos o aumento de suas vocações e o envio a outros países.

87. A experiência dos institutos seculares é significativa, e eles estão em crescimento. Por sua consagração buscam harmonizar os valores autênticos do mundo contemporâneo com o seguimento de Jesus, vivido a partir da secularidade; hão de ocupar pois lugar de destaque no trabalho da nova evangelização para a promoção humana e a inculturação do Evangelho.

88. As sociedades de vida apostólica também contribuem generosamente com esta tarefa de evangelização e são chamadas a manter suas características específicas.

89. Outra forma de consagração é a das virgens consagradas a Deus pelo bispo diocesano, esposas místicas de Jesus Cristo, que se entregam ao serviço da Igreja (cf. CIC 604,1).

90. A mulher consagrada contribui para impregnar de Evangelho nossos processos de promoção humana integral e dinamiza a pastoral da Igreja. Ela é freqüentemente encontrada nos lugares de missão que oferecem maior dificuldade e é especialmente sensível ao clamor dos pobres. Por isso é necessário dar-lhe mais responsabilidade na programação da ação pastoral e caritativa.

91. "A obra de evangelização (disse o Papa) na América Latina tem sido, em grande parte, fruto de vosso serviço missionário... Também em nossos dias, os religiosos e religiosas representam uma força evangelizadora e apostólica primordial no continente latino-americano" (João Paulo II, *Os caminhos do Evangelho*, 29 de junho de 1990, 2.3).

Em sua carta aos religiosos da América Latina (*Os caminhos do Evangelho*, 26 de junho de 1990), o Santo Padre lhes apresenta os seguintes desafios: seguir "na vanguarda da pregação, dando sempre testemunho do Evangelho da salvação" (n. 4). "Evangelizar a partir de uma profunda experiência de Deus" (n. 5). "Manter vivos os carismas dos fundadores" (n. 6). Evangelizar em estreita colaboração com os bispos, sacerdotes e leigos, dando exemplo de renovada comunhão (cf. n. 27). Estar na vanguarda da evangelização das culturas (cf. n. 28). Responder à necessidade de evangelizar para além de nossas fronteiras.

Linhas pastorais

92. A respeito da vida consagrada, esta IV Conferência assinala os seguintes compromissos e linhas de ação pastoral:

— Reconhecer a vida consagrada como um dom para nossas Igrejas particulares.

— Fomentar a vocação à santidade nas religiosas e religiosos, valorizando sua vida por sua própria existência e testemunho. Por isso queremos respeitar e fomentar a fidelidade a cada carisma fundacional como contribuição à Igreja.

— Dialogar nas comissões mistas e em outros organismos previstos no documento da Santa Sé *Mutuae Relationes*, para responder às diversas tensões e conflitos a partir da comunhão eclesial. Queremos que em nossos seminários se fomente o conhecimento da teologia da vida religiosa e que, nas casas de formação dos religiosos, se dê especial importância à teologia da Igreja particular presidida pelo bispo e, além disso, o conhecimento da espiritualidade específica do sacerdote diocesano.

— Queremos apoiar as iniciativas dos superiores maiores em favor de uma formação inicial e permanente e de um acompanhamento espiritual dos religiosos e religiosas, para que eles possam responder aos desafios da nova evangelização. Trataremos de estimular um espírito missionário que desperte nos religiosos o desejo de servir para além de "nossas fronteiras".

— Apoiar e assumir o ser e a presença missionária dos religiosos na Igreja particular, sobretudo quando sua opção pelos pobres os leva a postos de vanguarda de maior dificuldade ou de inserção mais comprometida.

93. Procurar que os religiosos e religiosas que se encontram trabalhando pastoralmente na Igreja particular o façam sempre em perfeita comunhão com o bispo e os presbíteros.

1.3.4. Os fiéis leigos na Igreja e no mundo

94. O Povo de Deus é constituído em sua maioria por fiéis leigos. Eles são chamados por Cristo como Igreja, agentes e destinatários da Boa-Nova da salvação, a exercer no mundo, vinha de Deus, uma tarefa evangelizadora indispensável. A eles se dirigem hoje as palavras do Senhor: "Ide também vós para a minha vinha" (Mt 20,3-4) e estas ainda: "Ide por todo o mundo, proclamai o Evangelho a toda criatura" (Mc 16,15; cf. ChL 33).

Como conseqüência do batismo, os fiéis estão inseridos em Cristo e são chamados a viver o tríplice ofício sacerdotal, profético e régio. Esta vocação deve ser constantemente fomentada pelos pastores das Igrejas particulares.

a) Os leigos hoje em nossas Igrejas

95. Hoje, como sinal dos tempos, vemos um grande número de leigos comprometidos na Igreja: exercem diversos ministérios, serviços e funções nas comunidades eclesiais de base ou atividades nos movimentos eclesiais. Cresce sempre mais a consciência de sua responsabilidade no mundo e na missão *ad gentes*. Aumenta

assim o sentido evangelizador dos fiéis cristãos. Os jovens evangelizam os jovens. Os pobres evangelizam os pobres. Os fiéis leigos comprometidos manifestam uma sentida necessidade de formação e de espiritualidade.

96. Comprova-se, porém, que a maior parte dos batizados ainda não tomou plena consciência de sua pertença à Igreja. Sentem-se católicos, mas não Igreja. Poucos assumem os valores cristãos como elemento de sua identidade cultural, não sentindo a necessidade de um compromisso eclesial e evangelizador. Como conseqüência, o mundo do trabalho, da política, da economia, da ciência, da arte, da literatura e dos meios de comunicação social não são guiados por critérios evangélicos. Assim se explica a incoerência entre a fé que dizem professar e o compromisso real na vida (cf. P 783).

Também se comprova que os leigos nem sempre são adequadamente acompanhados pelos pastores na descoberta e amadurecimento da própria vocação.

A persistência de certa mentalidade clerical nos numerosos agentes de pastoral, clérigos e inclusive leigos (cf. P 784), a dedicação preferencial de muitos leigos a tarefas intra-eclesiais e uma deficiente formação privam-nos de dar respostas eficazes aos atuais desafios da sociedade.

b) Os desafios para os leigos

97. As urgências do momento presente na América Latina e no Caribe reclamam:

Que todos os leigos sejam protagonistas da nova evangelização, da promoção humana e da cultura cristã. É necessária a constante promoção do laicado, livre de todo clericalismo e sem redução ao intra-eclesial.

Que os batizados não evangelizados sejam os principais destinatários da nova evangelização. Esta só será efetivamente levada a cabo se os leigos, conscientes de seu batismo, responderem ao chamado de Cristo a que se convertam em protagonistas da nova evangelização.

No marco da comunhão eclesial, urge um esforço de favorecer a busca de santidade dos leigos e o exercício de sua missão.

c) Principais linhas pastorais

98. Incrementar a vivência da Igreja-comunhão, que nos leve à co-responsabilidade na ação da Igreja. Fomentar a participação dos leigos nos conselhos pastorais, nos diversos níveis da estrutura eclesial. Evitar que os leigos reduzam sua ação no âmbito intra-eclesial, impulsionando-os a penetrar os ambientes socioculturais e a serem eles os protagonistas da transformação da sociedade à luz do Evangelho e da doutrina social da Igreja.

    Promover os conselhos de leigos, em plena comunhão com os pastores e adequada autonomia, como lugares de encontro, diálogo e serviço, que contribuam para o fortalecimento da unidade, da espiritualidade e da organização do laicato. Estes conselhos de leigos também são espaços de formação e podem estabelecer-se em cada diocese na Igreja de cada país e abarcar tanto os movimentos de apostolado como os leigos que, estando comprometidos com a evangelização, não estão integrados em grupos apostólicos.

99. Incentivar uma formação integral, gradual e permanente dos leigos mediante organismos que facilitem "a formação de formadores" e programem cursos e escolas diocesanas e nacionais, dispensando particular atenção à formação dos pobres (cf. ChL 63).

    Nós, pastores, procuraremos, como objetivo pastoral imediato, fomentar a preparação de leigos que se sobressaiam no campo da educação, da política, dos meios de comunicação social, da cultura e do trabalho. Estimularemos uma pastoral específica para cada um destes campos, de maneira que os que nelas estiverem presentes sintam todo o respaldo de seus pastores. Estarão incluídos também os militares, a quem corresponde sempre estar a serviço da liberdade, da democracia e da paz dos povos (cf. GS 79).

Tendo presente que a santidade é um chamado para todos os cristãos, os pastores procurarão os meios adequados que favoreçam aos leigos uma autêntica experiência de Deus. Incentivarão também publicações específicas de espiritualidade laical.

100. Favorecer a organização dos fiéis leigos em todos os níveis da estrutura pastoral, baseada nos critérios de comunhão e participação, respeitando "a liberdade de associação dos fiéis leigos na Igreja" (cf. ChL 29-30).

d) Ministérios conferidos aos leigos

101. O Documento de Puebla acolheu a experiência do continente no que diz respeito aos ministérios conferidos aos leigos e deu orientações claras para que, de acordo com os carismas de cada pessoa e as necessidades de cada comunidade, se fomentasse "uma especial criatividade no estabelecimento de ministérios e serviços que possam ser exercidos por leigos, de acordo com as necessidades da evangelização" (P 883; cf. 804-805; 811-817).

O sínodo dos bispos em 1987 e a exortação apostólica *Christifideles Laici* têm insistido na importância de mostrar que estes ministérios "têm seu fundamento sacramental no batismo e na confirmação" (ChL 23).

Fiéis às orientações do Santo Padre, queremos continuar fomentando estas experiências que dão ampla margem de participação aos leigos (cf. ChL 21-23) e respondem às necessidades de muitas comunidades que, sem essa valiosa colaboração, careceriam de todo acompanhamento na catequese, na oração e na animação de seus compromissos sociais e criativos.

Consideramos que "novas expressões e novos métodos" para nossa missão evangelizadora encontram amplos campos de realização em "ministérios, ofícios e funções", que leigos (cf. ChL 23) cuidadosamente escolhidos e preparados podem desempenhar. Uma forma adequada poderia ser que a uma família completa se entregasse a tarefa pastoral de animar outras famílias, preparando-se devidamente para este ofício.

e) Os movimentos e associações de Igreja

102. Como resposta às situações de secularismo, ateísmo e indiferença religiosa e como fruto da aspiração e necessidade do religioso (cf. ChL 4), o Espírito Santo tem impulsionado o nascimento de movimentos e associações de leigos, que têm produzido muitos frutos em nossas Igrejas.

Os movimentos dão importância fundamental à Palavra de Deus, à oração em comum e atenção especial à ação do Espírito. Há casos também em que a experiência de uma fé compartilhada permanece como uma necessidade de comunicação cristã de bens, primeiro passo para uma economia de solidariedade.

As associações de apostolado são legítimas e necessárias (cf. AA 18); seguindo a orientação do Concílio, confere-se um lugar especial à Ação Católica por sua vinculação profunda à Igreja particular (cf. AA 20; ChL 31). Ante os riscos de alguns movimentos e associações que podem chegar a fechar-se sobre si mesmos, é particularmente urgente ter em conta os "critérios de eclesialidade" indicados na exortação pós-sinodal *Christifideles Laici* 30. É necessário acompanhar os movimentos em um processo de inculturação mais definido e estimular a formação de movimentos com perfil mais latino-americano.

"A Igreja espera muito de todos os leigos que, com entusiasmo e eficácia evangélica, agem através dos novos movimentos apostólicos, que hão de estar coordenados na pastoral de conjunto e que respondem à necessidade de uma maior presença da fé na vida social" (João Paulo II, *Discurso inaugural*, n. 27).

f) Leigos, linha pastoral prioritária

103. A importância da presença dos leigos na tarefa da nova evangelização que conduz à promoção humana e chega a informar todo o âmbito da cultura com a força do Ressuscitado nos permite afirmar que uma linha prioritária de nossa pastoral, fruto desta IV Conferência, há de ser a de uma Igreja na qual os fiéis cristãos

leigos sejam protagonistas. Um laicato, bem estruturado com uma formação permanente, maduro e comprometido, é o sinal de Igrejas particulares que levam muito a sério o compromisso da nova evangelização.

1.3.5. As mulheres

104. Em Cristo, plenitude dos tempos, a igualdade e complementaridade com que o homem e a mulher foram criados (cf. Gn 1,27) se faz possível; já "não há homem nem mulher, porque todos vós sois um em Cristo Jesus" (Gl 3,26-29). Jesus acolheu as mulheres, devolveu-lhes a dignidade e confiou-lhes, depois de sua ressurreição, a missão de anunciá-lo (cf. MD 16). Cristo, "nascido de mulher" (Gl 4,4), nos dá Maria que "precede a Igreja mostrando em forma eminente e singular o modelo de virgem e de mãe" (LG 63). Ela é protagonista da história por sua cooperação livre, levada à máxima participação com Cristo (cf. P 283). Maria tem representado um papel muito importante na evangelização das mulheres latino-americanas e tem feito delas evangelizadoras eficazes, como esposas, mães, religiosas, trabalhadoras, camponesas e profissionais. Continuamente lhes inspira a fortaleza para dar a vida, debruçar-se sobre a dor, resistir e dar esperança quando a vida está mais ameaçada, encontrar alternativas quando os caminhos se fecham, como companheira ativa, livre e animadora da sociedade.

1. Situação

105. Em nosso tempo, a sociedade e a Igreja têm crescido em consciência da igual dignidade da mulher e do homem. Ainda que teoricamente se reconheça esta igualdade, na prática, ela freqüentemente é desconhecida. A nova evangelização deve ser promotora decidida e ativa da dignificação da mulher. Isto supõe aprofundar o papel da mulher na Igreja e na sociedade.

Hoje se difundem diversas posições reducionistas sobre a natureza e missão da mulher: nega-se sua específica dimensão feminina, reduz-se a mulher em sua dignidade e direitos, converte-se a mulher em objeto de prazer, com um papel secundário na vida social. Ante isto, queremos propor a doutrina evangélica sobre a dignidade e vocação da mulher, ressaltando seu papel "como mãe, defensora da vida e educadora do lar" (846).

106. Na família e na construção do mundo, hoje ganha terreno uma maior solidariedade entre homens e mulheres, mas fazem falta passos ainda mais concretos rumo à igualdade real e à descoberta de que ambos se realizam na reciprocidade.

Tanto na família como nas comunidades eclesiais e nas diversas organizações de um país, as mulheres são as que mais se comunicam, sustentam e promovem a vida, a fé e os valores. Elas têm sido durante séculos "o anjo da guarda da alma cristã do continente" (João Paulo II, Homilia em Santo Domingo, 11 de outubro de 1992, 9). Este reconhecimento se choca escandalosamente com a freqüente realidade de sua marginalização, dos perigos aos quais se submete sua dignidade, da violência da qual muitas vezes é objeto. Àquela que dá e defende a vida é negada uma vida digna. A Igreja se sente chamada a estar do lado da vida e defendê-la na mulher.

2. Compromissos pastorais

107. Consideramos urgentes estas linhas de ação.

Denunciar abertamente as violações às mulheres latino-americanas e caribenhas, sobretudo as camponesas, indígenas, afro-americanas, migrantes e operárias, inclusive as violências que se cometem pelos meios de comunicação social contra sua dignidade. Promover a formação integral para que haja verdadeira tomada de consciência da dignidade comum do homem e da mulher. Anunciar profeticamente o ser verdadeiro da mulher, retirando do Evangelho a luz e a esperança do que ela é em plenitude, sem reduzi-la a modalidades culturais transitórias. Criar espaços para que a mulher possa descobrir seus próprios valores, apreciá-los e oferecê-los abertamente à sociedade e à Igreja.

108. Desenvolver a consciência dos sacerdotes e dirigentes leigos para que aceitem e valorizem a mulher na comunidade eclesial e na sociedade, não só pelo que elas fazem, mas, sobretudo, pelo que elas são. Fomentar uma atitude de análise crítica ante as mensagens dos meios de comunicação sobre os estereótipos que tais meios apresentam acerca da feminilidade. Discernir à luz do Evangelho de Jesus os movimentos que lutam pela mulher, partindo de perspectivas distintas para potenciar seus valores, iluminar o que pode parecer confuso e denunciar o que resulta contrário à dignidade humana. Ao ler as Escrituras, anunciar com força o que o Evangelho significa para a mulher e desenvolver uma leitura da Palavra de Deus que descubra os traços que a vocação feminina confere ao plano da salvação.

109. Criar na educação novas linguagens e símbolos que não reduzam ninguém à categoria de objeto, mas que resgatem o valor de cada um como pessoa, e evitar, nos programas educativos, conteúdos que discriminem a mulher, reduzindo sua dignidade e identidade. É importante pôr em prática programas de educação para o amor e educação sexual na perspectiva cristã, buscar caminhos para que se dêem entre o homem e a mulher relações interpessoais baseadas no mútuo respeito e apreço, o reconhecimento das diferenças, o diálogo e a reciprocidade. É preciso incorporar as mulheres no processo de tomada de decisões responsáveis em todos os âmbitos: na família e na sociedade. Urge contar com a liderança feminina e promover a presença da mulher na organização e animação da nova evangelização da América Latina e do Caribe. É necessário estimular uma pastoral que promova as mulheres indígenas no campo social, educativo e político.

110. Denunciar tudo aquilo que, atentando contra a vida, afete a dignidade da mulher, como o aborto, a esterilização, os programas antinatalistas, a violência nas relações sexuais; favorecer os meios que garantam uma vida digna para as mulheres mais expostas: empregadas domésticas, migrantes, camponesas, indígenas, afro-americanas, trabalhadoras humildes e exploradas; intensificar e renovar o acompanhamento pastoral a mulheres

em situações difíceis: separadas, divorciadas, mães solteiras, meninas e mulheres prostituídas por causa da fome, do engano e do abandono.

1.3.6. Os adolescentes e os jovens

111. Jesus percorreu as etapas da vida de toda pessoa humana: infância, adolescência, juventude e idade adulta. Ele se revela como o caminho, a verdade e a vida (Jo 14,5). Ao nascer, assumiu a condição de menino pobre e submisso a seus pais; recém-nascido foi perseguido (Mt 2,13). Jesus, revelação do Pai que quer a vida em abundância (cf. Jo 10,10), devolve a vida a seu amigo Lázaro (Jo 11), ao jovem filho da viúva de Naim (cf. Lc 7,17) e à jovem filha de Jairo (cf. Mc 5,21-43). Ele continua hoje chamando os jovens para dar sentido a suas vidas.

    A missão dos adolescentes e jovens na América Latina, que caminham para o terceiro milênio cristão, é preparar-se para serem os homens e mulheres do futuro, responsáveis e ativos nas estruturas sociais, culturais e eclesiais, para que, incorporados pelo Espírito de Cristo e por seu talento em vislumbrar soluções originais, contribuam para a conquista de um desenvolvimento cada vez mais humano e mais cristão (cf. João Paulo II, Homilia em Higuey, 4).

1. Situação

112. Muitos jovens são vítimas do empobrecimento e da marginalização social, do desemprego e do subemprego, de uma educação que não responde às exigências de suas vidas, do narcotráfico, da guerrilha, das gangues, da prostituição, do alcoolismo, de abusos sexuais. Muitos vivem adormecidos pela propaganda dos meios de comunicação social e alienados por imposições culturais, e pelo pragmatismo imediatista, que tem gerado novos problemas no processo de amadurecimento afetivo dos adolescentes e dos jovens.

    Por outro lado, constatamos que há adolescentes e jovens que reagem ao consumismo imperante e se sensibilizam com as fraquezas das pessoas e com a dor dos mais pobres. Buscam inserir-se na sociedade, repudiando a corrupção e gerando espaços de participação genuinamente democráticos. Cada vez são mais os que se reúnem em grupos, movimentos e comunidades eclesiais para orar e realizar distintos serviços de ação missionária e apostólica. Os adolescentes e os jovens estão povoados de interrogações vitais e representam o desafio de montar um projeto de vida pessoal comunitário que dê sentido a suas vidas, para assim lograr a realização de suas capacidades. Encarnam o desafio de ser acompanhados em seus caminhos de crescimento na fé e no trabalho eclesial e preocupações de transformação necessária da sociedade por meio de uma pastoral orgânica.

113. Na Igreja da América Latina os jovens católicos, organizados em grupos, pedem aos pastores acompanhamento espiritual e apoio em suas atividades, mas necessitam, sobretudo em cada país de linhas pastorais claras, que contribuam para uma pastoral juvenil orgânica.

2. Compromissos pastorais

114. Nós nos propomos executar as seguintes ações pastorais:
    — Reafirmar a "opção preferencial" pelos jovens proclamada em Puebla, não só de modo afetivo, mas também efetivamente; isto deve significar uma opção concreta por uma pastoral juvenil orgânica, onde haja um acompanhamento e apoio real com diálogo mútuo entre jovens, pastores e comunidades. A efetiva opção pelos jovens exige maiores recursos pessoais e materiais por parte das paróquias e das dioceses. Esta pastoral juvenil deve ter sempre uma dimensão vocacional.

115. Para cumpri-la, propomos uma ação pastoral:
    — que responda às necessidades de amadurecimento afetivo e à necessidade de acompanhar os adolescentes e jovens em todo o processo de formação humana e crescimento da

fé. Será preciso dar especial importância ao sacramento da confirmação, para que sua celebração leve os jovens ao compromisso apostólico e a ser evangelizadores de outros jovens;

— que os capacite para conhecer e responder criticamente aos impactos culturais e sociais que recebem e os ajude a comprometer-se na pastoral da Igreja e nas necessárias transformações da sociedade.

116. Que dinamize uma espiritualidade do seguimento de Jesus que propicie o encontro entre a fé e a vida, que seja promotora da justiça, da solidariedade e que anime um projeto promissor e gerador de uma nova cultura de vida.

117. Que assuma as novas formas celebrativas da fé, próprias da cultura dos jovens; fomente a criatividade e a pedagogia dos sinais, respeitando sempre os elementos essenciais da liturgia.

118. Que anuncie nos compromissos assumidos e na vida cotidiana que o Deus da vida ama os jovens e quer para eles um futuro diferente, sem frustrações nem marginalizações, onde a vida plena seja fruto acessível a todos.

119. — Que abra aos adolescentes e jovens espaços de participação na Igreja. Que o processo educativo se realize através de uma pedagogia experiencial, participativa e transformadora. Que promova o protagonismo através da metodologia do ver, julgar, agir, revisar e celebrar. Tal pedagogia tem de integrar o crescimento da fé no processo de crescimento humano, tendo em conta os diversos elementos, como o esporte, a festa, a música e o teatro.

— Esta pastoral deve pretender fortalecer todos os processos orgânicos válidos e definidamente analisados pela Igreja, desde Puebla até hoje. Cuidará especialmente de dar relevância à pastoral juvenil de meios específicos, onde vivem e atuam os adolescentes e os jovens: camponeses, indígenas, afro-americanos, trabalhadores, estudantes, habitantes de periferias urbanas, marginalizados, militares e jovens em situações críticas.

— A Igreja, com sua palavra e seu testemunho, deve antes de tudo apresentar Jesus Cristo aos adolescentes e aos jovens de modo atrativo e motivador, de modo que seja para eles o caminho, a verdade e a vida que responda a seus anseios de realização pessoal e a suas necessidades de encontrar o sentido da vida.

120. Para responder à realidade cultural atual, a pastoral juvenil deverá apresentar, com força e de um modo atraente e acessível à vida dos jovens, os ideais evangélicos. Deverá favorecer a criação e animação de grupos e comunidades juvenis vigorosas e evangélicas, que assegurem a continuidade e perseverança dos processos educativos dos adolescentes e jovens, e os sensibilizem e comprometam a responder aos desafios da promoção humana, da solidariedade e da construção da civilização do amor.

1.4. Para anunciar o Reino a todos os povos

121. Cristo nos revela o Pai e nos introduz no mistério da vida trinitária pelo Espírito. Tudo passa por Cristo, que se faz caminho, verdade e vida. Pelo batismo recebemos a filiação divina. Tendo sido feitos filhos de Deus, todos os povos da América Latina fomos feitos também irmãos entre nós.

Fomos introduzidos no mistério da comunhão trinitária, porque Cristo se fez um de nós, assumindo a condição de servo e tudo o que a nossa condição humana implica, menos o pecado, para transformá-la, vivificá-la e fazê-la cada vez mais humana e divina. Desta maneira, Cristo agora entra no coração de nossos povos, assume-os e transforma-os.

Ao incorporar-nos a ele, comunica-nos sua vida amorosa, como a videira aos ramos, infundindo-nos seu Espírito, que nos faz capazes de perdoar, de amar a Deus sobre todas as coisas e a todos os irmãos, sem distinção de raça, nação ou situação econômica. Jesus Cristo é assim a semente de uma nova humanidade reconciliada.

122. Na América Latina, são muitos os que vivem na pobreza, que desce com freqüência a níveis escandalosos. Entretanto, inse-

ridos em situações-limite, somos capazes de amar-nos, de viver unidos apesar de nossas diferenças e de comunicar ao mundo inteiro nossa acendrada experiência de fraternidade.

123. Com alegria testemunhamos que em Jesus Cristo temos a libertação integral para cada um de nós e para nossos povos: libertação do pecado, da morte e da escravidão, feita de perdão e reconciliação.

 Jesus Cristo nos convoca em sua Igreja, que é sacramento de comunhão evangelizadora. Nela devemos viver a unidade de nossas Igrejas na caridade, comunicando e anunciando essa comunhão a todo o mundo com a Palavra, com a Eucaristia e com os demais sacramentos. A Igreja vive para evangelizar; sua vida e vocação se realizam quando ela se faz testemunho, quando provoca a conversão e conduz os homens e as mulheres à salvação (cf. EN 15). "Assim, pois, desde o dia em que os apóstolos receberam o Espírito Santo, a Igreja recebeu a tarefa da evangelização" (João Paulo II, *Discurso inaugural*, 2).

124. Jesus Cristo nos dá a vida para comunicá-la a todos. Nossa missão exige de nós que, unidos a nossos povos, estejamos abertos para receber esta vida em plenitude, para comunicá-la abundantemente às Igrejas a nós encomendadas, e também além de nossas fronteiras. Pedimos perdão por nossas fragilidades e imploramos a graça do Senhor, para cumprir mais eficazmente a missão que recebemos. Convidamos todos para que, renovados no Espírito, anunciem também Jesus Cristo e se convertam em missionários da vida e da esperança para todos os nossos irmãos.

 A nova evangelização deve ser capaz de despertar um novo fervor missionário, numa Igreja cada vez mais arraigada na força e no poder perene de Pentecostes (cf. EN 41).

1.4.1. Que se lance à missão *ad gentes*

125. Nascida do amor salvífico do Pai, a missão do Filho com a força do Espírito Santo (cf. Lc 4,18), essência da Igreja (cf. AG 2) e objeto fundamental desta IV Conferência, é para nós nosso principal objetivo.

João Paulo II, em sua encíclica missionária, levou-nos a discernir três modos de realizar essa missão: a atenção pastoral em situações de fé viva, a nova evangelização e a ação missionária *ad gentes* (cf. RMi 33).

Renovamos este último sentido da missão sabendo que não pode haver nova evangelização sem projeção para o mundo não-cristão, pois como nota o Papa: "A nova evangelização dos povos cristãos encontrará inspiração e apoio no compromisso pela missão universal" (RMi 2).

Podemos dizer com satisfação que o desafio da missão *ad gentes*, proposto por Puebla, foi assumido a partir de nossa pobreza, compartilhando a riqueza da fé com que o Senhor nos tem abençoado. Reconhecemos, porém, que a consciência missionária *ad gentes* ainda é insuficiente ou frágil.

Os Congressos Missionários Latino-americanos (COMLAS), os Congressos Missionários Nacionais, os grupos e movimentos missionários e a ajuda de Igrejas-irmãs têm sido um incentivo para tomar consciência dessa exigência evangélica.

Desafios pastorais

126. — Não se tem insistido o suficiente em que sejamos melhores evangelizadores.

— Nós nos fechamos em nossos próprios problemas locais, esquecendo nosso compromisso apostólico com o mundo não-cristão.

— Descarregamos nosso compromisso missionário em alguns de nossos irmãos e irmãs, que os cumprem por nós.

127. Causa do que se descreveu é a carência de um explícito programa de formação missionária na maioria dos seminários e casas de formação.

128. Convidamos cada Igreja particular do continente latino-americano para que:

— Introduza em sua pastoral ordinária a animação missionária apoiada em um centro missionário diocesano, sustentado por uma equipe missionária, movido por uma espiritualidade viva, para uma ação missionária criativa e generosa.

— Estabeleça uma relação positiva com as pontifícias obras missionárias, que devem ter um responsável eficaz e o apoio da Igreja particular.

— Promova a cooperação missionária de todo o Povo de Deus, traduzida em oração, sacrifício, testemunho de vida cristã e ajuda econômica.

— Integre nos programas de formação sacerdotal e religiosa cursos específicos de missiologia e instrua os candidatos ao sacerdócio sobre a importância da inculturação do Evangelho.

— Forme agentes de pastoral autóctones, com espírito missionário, na linha assinalada pela encíclica *Redemptoris Missio*.

— Assuma com valentia o envio missionário, tanto de sacerdotes como de religiosos e leigos. Coordene os recursos humanos e materiais que fortaleçam os processos de formação, envio, acompanhamento e reinserção dos missionários.

1.4.2. Que vivifique a fé dos batizados afastados

129. Nosso Deus é o Pai rico em misericórdia. Ele respeita a liberdade de seus filhos e filhas e espera o tempo do retorno, saindo ao encontro daqueles que se afastaram de sua casa (cf. Lc 15).

Desafios pastorais

130. Na América Latina e no Caribe, numerosos batizados não orientam sua vida segundo o Evangelho.

Muitos deles se afastam da Igreja ou não se identificam com ela. Entre esses, ainda que não exclusivamente, há muitos jovens e pessoas mais críticas da ação da Igreja. Há outros que, tendo imigrado de suas regiões de origem, se desenraízam de seu ambiente religioso.

Linhas pastorais

131. Como pastores da Igreja, isto nos preocupa. Ao mesmo tempo, nos dói ver como muitos de nossos fiéis são incapazes de comunicar aos demais a alegria de sua fé. Jesus Cristo nos pede que sejamos o "sal da terra", o fermento na massa. Por isso, a Igreja, pastores e fiéis, sem descuidar da atenção aos mais próximos, devem sair ao encontro dos que estão afastados.

Muitas portas desses irmãos afastados esperam o chamado do Senhor (cf. Ap 3,20) através dos cristãos que, assumindo missionariamente seu batismo e confirmação, vão ao encontro daqueles que se afastaram da casa do Pai. Por isso sugerimos:

— Promover um novo impulso missionário em direção a estes fiéis, indo-lhes ao encontro. A Igreja não deve ficar tranqüila com os que a aceitam e seguem com maior facilidade.

— Pregar-lhes o querigma, de uma forma viva e alegre.

— Organizar campanhas missionárias que descubram a novidade sempre atual de Jesus Cristo, dentre as quais podem-se destacar as visitas domiciliares e as missões populares.

— Aproveitar os momentos de contato que os batizados mantêm com a Igreja, tais como o batismo de seus filhos, a primeira comunhão, a confirmação, a enfermidade, o matrimônio e as exéquias, para manifestar-lhes a novidade sempre atual de Jesus Cristo.

— Buscar, através dos meios de comunicação social, proximidade com aqueles que não podem ser diretamente alcançados.

— Motivar e animar as comunidades e movimentos eclesiais para que redobrem seu serviço evangelizador dentro da orientação pastoral da Igreja local.

1.4.3. Que reúna a todos os irmãos em Cristo

132. Pai, "que todos sejam um como tu e eu somos um, para que o mundo creia que tu me enviaste" (Jo 17,21). Esta súplica de Cristo justifica a denúncia do Concílio Vaticano II, ao apontar o escândalo da divisão dos cristãos (cf. UR 1), e exige que encontremos a unidade na verdade.

Desafios pastorais

133. — O grande desafio com que nos defrontamos é essa divisão entre os cristãos; divisão que se agravou por diversos motivos ao longo da história.

— A existência de uma confusão sobre este tema, fruto de uma deficiente formação religiosa e de outros fatores.

— O fundamentalismo proselitista de grupos cristãos sectários que dificultam o são caminho do ecumenismo.

134. Em situação similar à dos cristãos separados, podemos relacionar todo o povo judeu. Também com eles o diálogo é um desafio para a nossa Igreja.

Linhas pastorais

135. — Por isso, também nós, com o papa João Paulo II, dizemos: "O ecumenismo é uma prioridade na pastoral da Igreja do nosso tempo". Para dar uma resposta adequada a esse desafio, sugerimos:

— Consolidar o espírito e o trabalho ecumênico em verdade, justiça e caridade.

— Aprofundar as relações de convergências e diálogo com as Igrejas que rezam conosco o Credo Nicenoconstantinopolitano, partilham os mesmos sacramentos e a veneração por santa Maria, mãe de Deus, mesmo que não reconheçam o primado do romano pontífice.

- Intensificar o diálogo teológico ecumênico.
- Avivar a oração em comum pela unidade dos cristãos e, de modo particular, a semana de oração pela unidade dos que crêem.
- Promover a formação ecumênica em cursos de formação para agentes de pastoral, principalmente nos seminários.
- Estimular o estudo da Bíblia entre os teólogos e estudiosos da Igreja e das denominações cristãs.
- Manter e reforçar programas e iniciativas de cooperação conjunta no campo social e na promoção dos valores comuns.
- Valorizar a seção de ecumenismo do CELAM (SECUM) e colaborar com suas iniciativas.

1.4.4. Diálogo com as religiões não-cristãs

136. "Deus, num diálogo que dura ao longo dos séculos, ofereceu e continua oferecendo salvação à humanidade. Para ser fiel à iniciativa divina, a Igreja deve entrar em diálogo de salvação com todos" (Diálogo e Anúncio, 38). Ao promover esse diálogo, a Igreja bem sabe que ele tem um caráter de testemunho, dentro do respeito à pessoa e à identidade do interlocutor (cf. P 1114).

Desafios pastorais

137. A importância de aprofundar um diálogo com as religiões não cristãs presentes em nosso continente, particularmente as indígenas e afro-americanas, durante muito tempo ignoradas ou marginalizadas.

A existência de preconceitos e incompreensões como obstáculo para o diálogo.

Linhas pastorais

138. Para intensificar o diálogo inter-religioso, consideramos importante:

— Levar a cabo uma mudança de atitude de nossa parte, deixando para trás preconceitos históricos, para criar um clima de confiança e proximidade.

— Promover o diálogo com judeus e muçulmanos, em que pesem as dificuldades que a Igreja sofre nos países onde essas religiões são majoritárias.

— Aprofundar, nos agentes de pastoral, o conhecimento do judaísmo e do islamismo.

— Favorecer nos agentes de pastoral o conhecimento das outras religiões e formas religiosas presentes no continente.

— Promover ações em favor da paz, da promoção e defesa da dignidade humana, bem como a cooperação em defesa da criação e do equilíbrio ecológico, como forma de encontro com outras religiões.

— Buscar ocasiões de diálogo com as religiões afro-americanas e dos povos indígenas, atentos a descobrir nelas as "sementes do Verbo", com verdadeiro discernimento cristão, oferecendo-lhes o anúncio integral do Evangelho e evitando qualquer forma de sincretismo religioso.

1.4.5. As seitas fundamentalistas

139. O problema das seitas adquiriu proporções dramáticas e chega a ser verdadeiramente preocupante, sobretudo pelo crescente proselitismo.

140. As seitas fundamentalistas são grupos religiosos que insistem em que só a fé em Jesus Cristo salva e que a única base da fé é a Sagrada Escritura, interpretada de modo pessoal e fundamentalista, com exclusão da Igreja, portanto, e a insistência na iminência do fim do mundo e do juízo próximo.

Caracterizam-se por seu afã proselitista, mediante insistentes visitas domiciliares, grande difusão de bíblias, revistas e livros; a presença e ajuda oportunista em momentos críticos da vida das pessoas ou da família, e uma grande capacidade técnica no uso dos meios de comunicação social. Contam com uma poderosa ajuda financeira proveniente do estrangeiro e do dízimo obrigatoriamente pago por todos os adeptos.

Distinguem-se por um moralismo rigoroso, por reuniões de oração com um culto participativo e emotivo, baseado na Bíblia, e por sua agressividade contra a Igreja, valendo-se freqüentemente da calúnia e do suborno. Ainda que seu compromisso com o temporal seja débil, orientam-se para a participação política em vista à tomada de poder.

A presença dessas seitas religiosas fundamentalistas na América Latina aumentou de maneira extraordinária, de Puebla a nossos dias.

Desafios pastorais

141. Dar uma resposta pastoral eficaz ante o avanço das seitas, tornando mais presente a ação evangelizadora da Igreja nos setores mais vulneráveis, como migrantes, populações sem atenção sacerdotal e com grande ignorância religiosa, pessoas simples ou com problemas materiais e familiar.

Linhas pastorais

142. Que a Igreja seja cada vez mais comunitária e participativa, e com comunidades eclesiais, grupos de famílias, círculos bíblicos, movimentos e associações eclesiais, fazendo da paróquia uma comunidade de comunidades.

— Provocar nos católicos a adesão pessoal a Cristo e à Igreja, pelo anúncio do Senhor ressuscitado.

— Desenvolver uma catequese que instrua devidamente o povo, explicando o mistério da Igreja, sacramento de salvação e comunhão, a mediação da Virgem Maria e dos santos e a missão da hierarquia.

— Promover uma Igreja ministerial, com o aumento de ministros ordenados e a promoção de ministros leigos devidamente formados para impulsionar o serviço evangelizador em todos os setores do Povo de Deus.

143. — Garantir a identidade da Igreja, cultivando aspectos que lhe são característicos, como:

   a) A devoção ao mistério da Eucaristia, sacrifício e banquete pascal;

   b) A devoção à santíssima Virgem, mãe de Cristo e mãe da Igreja;

   c) A comunhão e a obediência ao romano pontífice e ao próprio bispo;

   d) A devoção à Palavra de Deus lida na Igreja.

144. — Procurar que em todos os planos de pastoral a dimensão contemplativa e a santidade sejam prioridade, a fim de que a Igreja possa fazer-se presença de Deus no homem contemporâneo, que tem tanta sede dele.

145. Criar condições para que todos os ministros do Povo de Deus dêem testemunho de vida e caridade, espírito de serviço, capacidade de acolhida, sobretudo em momentos de dor e de crise.

   — Promover uma liturgia viva, participativa e com repercussão na vida.

146. — Instruir o povo amplamente, com serenidade e objetividade, sobre as características e diferenças das diversas seitas e sobre as respostas às injustas acusações contra a Igreja.

   — Promover visitas familiares com leigos preparados e organizar a pastoral do retorno para acolher os católicos que regressam à Igreja.

1.4.6. Novos movimentos religiosos ou movimentos religiosos livres

147. Fenomenologicamente, trata-se de fatos socioculturais protagonizados por setores marginalizados, e também camadas médias abastadas na América Latina que, através de formas religiosas geralmente sincréticas, conseguem expressar sua identidade e

aspirações humanas. Partindo do ponto de vista da fé católica, esses fenômenos podem ser considerados como sinais dos tempos, e também como advertência de que existem ambientes humanos dos quais a Igreja está ausente e onde deve rearticular sua ação evangelizadora.

Cabe distinguir várias correntes ou tipos de fenômeno:

— formas paracristãs ou semicristãs, como testemunhas de Jeová e mórmons. Cada um destes movimentos tem suas características, mas em comum manifestam um proselitismo, um milenarismo e traços organizativos empresariais;

— formas esotéricas que buscam uma iluminação especial e partilham conhecimentos secretos e um ocultismo religioso. Tal é o caso de correntes espiritistas, rosa-cruzes, gnósticos, teósofos etc.;

— filosofias e cultos com facetas orientais, mas que rapidamente estão adequando-se ao nosso continente, tais como Hare Krishna, a Luz Divina, Ananda Marga e outros, que trazem um misticismo e uma experiência comunal;

— grupos derivados das grandes religiões asiáticas, quer seja do budismo (seicho-no-ie etc.), do hinduísmo (ioga etc.) ou do islã (*baha'i*), que não só envolvem migrantes da Ásia, mas plantam raízes em setores de nossa sociedade;

— empresas sociorreligiosas, como a seita Moon ou a Nova Acrópolis, que têm objetivos ideológicos e políticos bem precisos, junto com suas expressões religiosas, levadas a cabo mediante meios de comunicação e campanhas proselitistas, que contam com apoio ou inspiração do primeiro mundo, e que religiosamente insistem na conversão imediata e na cura; é onde estão as chamadas "Igrejas eletrônicas";

— uma multidão de centros de "cura divina" ou atendimento aos males espirituais e físicos de gente problemática e pobre. Esses cultos terapêuticos atendem individualmente a seus clientes.

148. Diante da multiplicidade de novos movimentos religiosos, com expressões muito diversas entre si, queremos centrar nossa

atenção sobre as causas de seu crescimento (cf. P 1122) e os desafios pastorais que levantam.

149. São muitas e variadas as causas que explicam o interesse que despertam em alguns. Entre elas se devem assinalar:

— A permanente e progressiva crise social que suscita certa angústia coletiva, a perda de identidade e o desenraizamento das pessoas.

— A capacidade destes movimentos para adaptar-se às circunstâncias sociais e para satisfazer, momentaneamente, algumas necessidades da população. Em tudo isto não deixa de ter certa presença a curiosidade pelo inédito.

— O distanciamento da Igreja de setores — populares ou abastados — que buscam novos canais de expressão religiosa, nos quais não se deve descartar uma evasão dos compromissos da fé. Sua habilidade para oferecer aparente solução aos desejos de "cura" por parte dos atribulados.

Desafios pastorais

150. Nosso maior desafio está em avaliar a ação evangelizadora da Igreja e em determinar a quais ambientes humanos chega ou não essa ação.

— Como dar uma resposta adequada às perguntas que as pessoas se fazem sobre o sentido de sua vida, sobre o sentido da relação com Deus, em meio à permanente e progressiva crise social.

— Adquirir maior conhecimento das identidades e culturas dos nossos povos.

Linhas pastorais

151. Diante desses desafios, propomos as seguintes linhas pastorais:

— Ajudar no discernimento dos problemas da vida à luz da fé. Nesse sentido, é preciso revalorizar o sacramento da penitência e a orientação espiritual.

- Procurar adaptar nossa evangelização e celebrações de fé às culturas e necessidades subjetivas dos fiéis, sem falsear o Evangelho.

- Fazer uma revisão profunda de nosso trabalho pastoral, a fim de melhorar a qualidade de nossos meios e de nosso testemunho.

- Dar um tratamento diferenciado aos movimentos religiosos, segundo sua índole e suas atitudes para com a Igreja.

152. Promover uma liturgia viva, na qual os fiéis se introduzam no mistério.

- Apresentar uma antropologia cristã que dê o sentido da potencialidade humana, o sentido da ressurreição e o sentido das relações com o universo (horóscopos). Não esquecer que o indiferentismo deve ser combatido através de uma apresentação adequada do sentido último do homem, para o que muito ajudará a apresentação dos novíssimos.

1.4.7. Chamado aos sem-Deus e aos indiferentes

153. O fenômeno da descrença cresce na América Latina e no Caribe hoje e preocupa a Igreja, sobretudo por aqueles que vivem como se não fossem batizados (cf. EN 56).

Uma modalidade é o "secularismo" que nega a Deus, ou porque sustenta que todas as realidades se explicam por si mesmas sem recorrer a Deus, ou porque considera a Deus como inimigo, alienação do homem. Esta posição secularista deve-se distinguir do processo chamado "secularização". Este sustenta legitimamente que as realidades materiais da natureza e do homem são em si "boas", e suas leis devem ser respeitadas, e que a liberdade é para a auto-realização humana e é respeitada por Deus (cf. GS 36).

O outro é o "indiferentismo" daqueles que ou repelem toda religião porque a consideram inútil e nociva para a vida humana, e por isso não se interessam por ela; ou sustentam que todas as religiões se equivalem e, portanto, nenhuma pode apresentar-se como única e verdadeira.

Desafios pastorais

154. O secularismo é um sério desafio à nova evangelização, por considerar Deus incompatível com a liberdade humana (João Paulo II, *Discurso inaugural*, 11) e a religião como atitude anti-humana e alienante, porque separa o homem de sua atividade terrena. Além disso, negando a dependência do Criador, conduz às idolatrias do ter, do poder e do prazer, e faz perder o sentido da vida, reduzindo o ser humano a mero valor material.

— O indiferentismo oferece também um desafio à nova evangelização, porque suprime pela raiz a relação da criatura com Deus, ou seja, nega todo interesse pela religião e com isso o compromisso da fé; ou porque reduz a figura de Cristo a um mestre de moral ou um fundador de religiões entre outras igualmente válidas, negando-lhe o caráter de salvador único, universal e definitivo dos homens.

— Ademais, tanto o indiferentismo como o secularismo minam a moral, porque deixam o comportamento humano sem fundamento para seu valor ético, e, por isso, facilmente caem no relativismo e permissivismo que caracterizam a sociedade atual.

155. Muitos movimentos pseudo-religiosos de caráter orientalista e ocultista, adivinhação e espiritismo minam a fé e causam desconcerto nas mentes, dando soluções falsas para as grandes interrogações do homem, seu destino, sua liberdade e o sentido da vida.

Linhas pastorais

156. A nova evangelização exige de nós:

— Que formemos em uma fé que se faça vida, iniciando-a com o anúncio do querigma aos que estão no mundo descristianizado (cf. EN 51 e 52) e promovendo-a com o testemunho alegre de autênticas comunidades de fé, nas quais nossos leigos vivam o significado dos sacramentos.

— Que cultivemos uma sólida consciência moral para que, nas complexas circunstâncias da vida moderna, nossos fiéis saibam interpretar acertadamente a voz de Deus em matéria moral e desenvolvam um evangélico sentido do pecado.

— Que eduquemos os cristãos para ver a Deus em sua própria pessoa, na natureza, na história global, no trabalho, na cultura, em todo o secular, descobrindo a harmonia que, no plano de Deus, deve haver entre a ordem da criação e a da redenção.

— Que desenvolvamos um estilo de celebração da liturgia que integre a vida dos homens numa profunda e respeitosa experiência do insondável mistério divino, de riqueza inefável.

— Que impulsionemos uma pastoral adequada para evangelizar os ambientes universitários, onde se formam os que irão plasmar definitivamente a cultura.

Capítulo 2

A promoção humana

157. "Entre evangelização e promoção humana — desenvolvimento, libertação — existem, de fato, laços profundos: laços de ordem antropológica, dado que o homem que há de ser evangelizado não é um ser abstrato, mas sim um ser condicionado pelo conjunto dos problemas sociais e econômicos. Laços de ordem teológica, porque não se pode nunca dissociar o plano da criação do plano da redenção, um e outro a abrangerem as situações bem concretas da injustiça que há de ser combatida e da justiça a ser restaurada; laços da ordem eminentemente evangélica, qual seja a ordem da caridade: como se poderia, realmente, proclamar o mandamento novo, sem promover na justiça e na paz o verdadeiro e o autêntico progresso do homem?" (EN 31).

O sentido último do compromisso da Igreja com a promoção humana, reiteradamente pregado em seu magistério social, está na firme convicção de que "a verdadeira união social externa decorre da união dos espíritos e dos corações, isto é, da fé e da caridade" (GS 42). "Com a mensagem evangélica, a Igreja oferece uma força libertadora e criadora do desenvolvimento, exatamente porque leva à conversão do coração e da mentalidade, faz reconhecer a dignidade de cada pessoa, predispõe à solidariedade, ao compromisso e ao serviço dos irmãos" (RM 59), "mantendo sempre firme a prioridade das realidades transcendentais e espirituais, premissas da salvação escatológica" (RMi 20). Assim procedendo, a Igreja oferece sua participação específica à promoção humana, dever de todos.

158. A doutrina social da Igreja é o ensinamento do Magistério em matéria social e contém princípios, critérios e orientações para a atuação do crente na tarefa de transformar o mundo segundo

o projeto de Deus. O ensino do pensamento social da Igreja "faz parte da missão evangelizadora" (SRS 41) e tem "o valor de um instrumento de evangelização" (CA 54), porque ilumina a vivência concreta de nossa fé.

2.1. A PROMOÇÃO HUMANA, DIMENSÃO PRIVILEGIADA DA NOVA EVANGELIZAÇÃO

159. Jesus ordenou a seus discípulos que repartissem o pão multiplicado à multidão necessitada, de modo que "todos comeram e ficaram saciados" (cf. Mc 6,34-44). Curou os enfermos, "passou a vida fazendo o bem" (At 10,38). No final dos tempos, nos julgará no amor (cf. Mt 25).

Jesus é o bom samaritano (Lc 10,25-37) que encarna a caridade e não só se comove, mas se transforma em ajuda eficaz. Sua ação é motivada pela dignidade de todo homem, cujo fundamento está em Jesus Cristo como Verbo criador (cf. Jo 1,3), encarnado (cf. Jo 1,14). Como indicava a *Gaudium et Spes*: "O mistério do homem só se torna claro verdadeiramente no mistério do Verbo encarnado. Com efeito, Adão, o primeiro homem, era figura daquele que haveria de vir, isto é, de Cristo Senhor. Novo Adão, na mesma revelação do mistério do Pai e de seu amor, Cristo manifesta plenamente o homem ao próprio homem e lhe descobre a sua altíssima vocação" (GS 22).

Dignidade que não se perdeu pela ferida do pecado, mas que foi exaltada pela compaixão de Deus, que se revela no coração de Jesus Cristo (cf. Mc 6,34). A solidariedade cristã é certamente serviço aos necessitados, mas é, sobretudo, fidelidade a Deus. Isto fundamenta a relação entre evangelização e promoção humana (EN 31).

160. Nossa fé no Deus de Jesus Cristo e o amor aos irmãos têm de traduzir-se em obras concretas. O seguimento de Cristo significa comprometer-se a viver segundo seu estilo. Esta preocupação de coerência entre a fé e a vida sempre esteve presente nas comunidades cristãs. Já o apóstolo Tiago escrevia: "Meus irmãos, se alguém disser que tem fé, mas não tem obras, que lhe

aproveitará isso? Acaso a fé poderá salvá-lo? Se um irmão ou uma irmã não tiverem o que vestir e lhes faltar o necessário para a subsistência de cada dia, e alguém dentre vós lhe disser: 'Ide em paz, aquecei-vos e saciai-vos', e não lhes der o necessário para a sua manutenção, que proveito haverá nisso? Assim também a fé, se não tiver obras, está morta em seu isolamento. Com efeito, como o corpo sem o sopro da vida é morto, assim também é morta a fé sem obras" (Tg 2,14-17.26).

161. A falta de coerência entre a fé que se professa e a vida cotidiana é uma das várias causas que geram a pobreza em nossos países, porque os cristãos não souberam encontrar na fé a força necessária para penetrar os critérios e as decisões dos setores responsáveis pela liderança ideológica e pela organização da convivência social, econômica e política de nossos povos. "Em povos de arraigada fé cristã impuseram-se estruturas geradoras de injustiça" (P 437).

162. A promoção, como indica a doutrina social da Igreja, deve levar o homem e a mulher a passar de condições menos humanas para condições cada vez mais humanas, até chegar ao pleno conhecimento de Jesus Cristo (*Populorum Progressio* 14-15). Em sua raiz, descobrimos, pois, que se trata de um verdadeiro canto à vida, de toda vida, desde o não-nascido até o abandonado.

163. Maria, a mulher solícita ante a necessidade surgida nas bodas de Caná, é modelo e figura da Igreja ante toda forma de necessidade humana (cf. Jo 2,3ss). À Igreja, assim como a Maria, Jesus recomenda preocupar-se pelo cuidado maternal da humanidade, sobretudo dos que sofrem (cf. Jo 19,26-27).

2.2. OS NOVOS SINAIS DOS TEMPOS
NO CAMPO DA PROMOÇÃO HUMANA

2.2.1. Direitos humanos

164. A igualdade entre os seres humanos em sua dignidade, por serem criados à imagem e semelhança de Deus, se afirma e aperfeiçoa em Cristo. Desde a encarnação, ao assumir o Verbo

nossa natureza e sobretudo sua ação redentora na cruz, mostra o valor de cada pessoa. Por isso mesmo, Cristo, Deus e homem, é a fonte mais profunda que garante a dignidade da pessoa e de seus direitos. Toda violação dos direitos humanos contradiz o plano de Deus e é pecado.

165. A Igreja, ao proclamar o Evangelho, raiz profunda dos direitos humanos, não se arroga uma tarefa alheia à sua missão, mas, ao contrário, obedece ao mandato de Jesus Cristo ao fazer da ajuda ao necessitado uma exigência essencial de sua missão evangelizadora. Os Estados não concedem estes direitos; a eles compete protegê-los e desenvolvê-los, pois pertencem por sua natureza ao homem.

Desafios pastorais

166. A consciência dos direitos humanos progrediu sensivelmente desde Puebla, junto com ações significativas da Igreja neste campo. Mas, ao mesmo tempo, cresceu o problema da violação de alguns direitos; incrementaram-se condições sociais e políticas adversas. Igualmente se obscureceu a concepção dos direitos por interpretações ideologizadas e a manipulação de grupos, enquanto aparece uma maior necessidade de mecanismos jurídicos e de participação civil.

167. Os direitos humanos são violados não só pelo terrorismo, repressão, assassinatos, mas também pela existência de condições de extrema pobreza e de estruturas econômicas injustas que originam grandes desigualdades. A intolerância política e o indiferentismo diante da situação de empobrecimento generalizado mostram desprezo pela vida humana concreta que não podemos calar.

Merecem uma denúncia especial as violências contra os direitos das crianças, da mulher e dos grupos mais pobres da sociedade: camponeses, indígenas e afro-americanos. É necessário denunciar também o comércio do narcotráfico.

Linhas pastorais

168. — Promover de modo mais eficaz e corajoso os direitos humanos, a partir do Evangelho e da doutrina social da Igreja, com a Palavra, a ação e a colaboração, comprometendo-se na defesa dos direitos individuais e sociais do homem, dos povos, das culturas e dos setores marginalizados, bem como dos desprotegidos e dos presos.

— Comprometer-se com a defesa da vida desde o primeiro momento da concepção até seu último alento.

— Participar com discernimento dos organismos de diálogo e mediação e também em instituições de apoio às diversas classes de vítimas, com a condição de que sejam sérios e que não se deixem instrumentalizar por ideologias incompatíveis com a doutrina social da Igreja.

— Empenhar-se firmemente, à luz dos valores evangélicos, na superação de toda injusta discriminação por razão de raças, nacionalismos, culturas, sexos e credos, procurando eliminar todo ódio, ressentimento e espírito de vingança, promovendo a reconciliação e a justiça.

2.2.2. Ecologia

169. A criação é obra da Palavra do Senhor e da presença do Espírito, que, desde o início, pairava sobre tudo o que foi criado (Gn 1-2). Esta foi a primeira aliança de Deus conosco. Quando o ser humano, chamado a entrar nesta aliança de amor, se nega, o pecado do homem afeta sua relação com Deus e com toda a criação.

Desafios pastorais

— A conferência das nações unidas sobre o meio ambiente e o desenvolvimento, celebrada no Rio de Janeiro, pôs em relevo mundial a gravidade da crise ecológica.

— Na América Latina e Caribe, as grandes cidades estão doentes em suas zonas centrais deterioradas e sobretudo em suas periferias. No campo, as populações indígenas e camponesas são despojadas de suas terras ou confinadas em terras menos produtivas, enquanto se continua derrubando e queimando as florestas na Amazônia e em outras partes do continente. Diante dessa crise, vem-se propondo como saída o desenvolvimento sustentado, que pretende responder às necessidades e aspirações do presente, sem comprometer as possibilidades de atendê-las no futuro. Quer-se com isso conjugar crescimento econômico com limites ecológicos.

Diante desta proposta, temos de nos perguntar se todas essas aspirações são legítimas e quem paga os custos de tal desenvolvimento que privilegia minorias em detrimento das grandes maiorias empobrecidas do mundo.

— As propostas de desenvolvimento têm de estar subordinadas a critérios éticos. Uma ética ecológica implica o abandono de uma moral utilitarista e individualista. Postula a aceitação do princípio do destino universal dos bens da criação e a promoção da justiça e solidariedade como valores indispensáveis.

Linhas pastorais

Os cristãos, como integrantes da sociedade, não estão isentos de responsabilidade em relação aos modelos de desenvolvimento que provocam os atuais desastres ambientais e sociais.

— Partindo das crianças e dos jovens, empreender uma tarefa de reeducação de todos ante o valor da vida e da interdependência dos diversos ecossistemas.

— Cultivar uma espiritualidade que recupere o sentido de Deus, sempre presente na natureza. Explicitar a nova relação estabelecida pelo mistério da encarnação, pela qual Cristo assumiu tudo o que foi criado.

— Valorizar a nova plataforma de diálogo que a crise ecológica criou e questionar a riqueza e o desperdício.

— Aprender dos pobres a viver com sobriedade e a partilhar e valorizar a sabedoria dos povos indígenas no tocante à preservação da natureza como ambiente de vida para todos.

170. — Aprofundar as mensagens do Santo Padre por ocasião da jornada mundial da paz, essencialmente dentro de uma configuração de "ecologia humana".

— Levar os cristãos a assumir o diálogo com o Norte através dos canais da Igreja católica, assim como de outros movimentos ecológicos e ecumênicos.

— São Francisco de Assis, em seu amor aos pobres e à natureza, pode inspirar este caminho de reconciliação com a criação e com todos os homens entre si, caminho de justiça e de paz.

2.2.3. A terra: dom de Deus

171. Os cristãos não olham o universo somente como natureza considerada em si mesma, mas como criação e primeiro dom do amor do Senhor por nós.

"De Iahweh é a terra e o que nela existe, o mundo e seus habitantes" (Sl 24,1) é a afirmação de fé que percorre toda a Bíblia e confirma a crença de nossos povos de que a terra é o primeiro sinal da aliança de Deus com o homem. De fato, a revelação bíblica nos ensina que, quando Deus criou o homem, o colocou no jardim do Éden para que o cultivasse e o cuidasse (Gn 2,15) e dele fizesse uso (Gn 2,16), indicando-lhe alguns limites (Gn 2,17) que recordariam sempre ao homem que "Deus é o Senhor e criador, e dele é a terra e tudo o que nela existe"; e que ele a pode usar, não como dono absoluto, mas como administrador.

Estes limites no uso da terra buscam preservar a justiça e o direito de todos a aceder aos bens da criação, que Deus destinou ao serviço de todo homem que vem a este mundo.

172. Em nosso continente, deve-se considerar duas mentalidades opostas com relação à terra, ambas distintas da visão cristã:

a) A terra, dentro do conjunto de elementos que formam a comunidade indígena, é vida, lugar sagrado, centro integrador de vida da comunidade. Nela vivem e com ela convivem, através dela se sentem em comunhão com seus antepassados e em harmonia com Deus; por isso mesmo, a terra, sua terra, forma parte substancial de sua experiência religiosa e de seu próprio projeto histórico. Nos indígenas existe um sentido natural de respeito pela terra; ela é a mãe-terra, que alimenta seus filhos; por isso há que cuidá-la, pedir permissão para cultivá-la e não matá-la.

b) A visão mercantilista considera a terra em relação exclusiva com a exploração e o lucro, chegando ao desalojamento e à expulsão de seus legítimos donos.

Esse mesmo mercantilismo leva à especulação do solo urbano, tornando a terra inacessível à habitação dos pobres, cada vez mais numerosos em nossas grandes cidades.

Além dos tipos anteriores, não podemos esquecer a situação dos camponeses que trabalham sua terra e ganham o sustento de sua família com tecnologias tradicionais.

173. A mentalidade própria da visão cristã tem seu fundamento na sagrada Escritura, que considera a terra e os elementos da natureza antes de tudo como aliados do Povo de Deus e instrumentos de nossa salvação. A ressurreição de Jesus Cristo ressitua a humanidade em face da missão de libertar toda a criação, que há de ser transformada em novo céu e em nova terra, onde a justiça tenha sua morada (cf. 2Pd 3,13).

Desafios pastorais

174. — Desafia-nos a situação problemática da terra na América Latina e no Caribe, já que "cinco séculos de presença do Evangelho... não instauraram ainda uma eqüitativa distribuição dos bens da terra", que "infelizmente ainda está nas mãos de uma minoria". Os antigos aborígenes foram, em geral, despojados de suas terras, e os afro-americanos tiveram dificuldades, por causa da legislação, ao acesso à propriedade da terra. Os atuais camponeses sofrem o peso da desordem institucional e as conseqüências das crises econômicas.

— Nos últimos anos, esta crise se fez sentir com mais força onde a modernização de nossas sociedades trouxe a expansão do comércio agrícola internacional, a crescente integração de países, o maior uso da tecnologia e a presença transnacional. Isto, não poucas vezes, favorece os setores econômicos fortes, mas à custa dos pequenos produtores e trabalhadores.

175. A situação da apropriação, administração e utilização da terra na América Latina e no Caribe é um dos apelos mais urgentes à promoção humana.

Linhas pastorais

176. — Promover a transformação da mentalidade sobre o valor da terra com base na cosmovisão cristã, que se liga às tradições culturais dos setores pobres e camponeses.

— Recordar aos fiéis leigos que devem influir nas políticas agrárias dos governos (sobretudo nas de modernização) e nas organizações de camponeses e indígenas, visando a formas justas, mais comunitárias e participativas no uso da terra.

177. — Apoiar todas as pessoas e instituições que estão buscando seja de parte dos governos, seja dos que possuem os meios de produção, a criação de uma justa e humana reforma e política agrária, que legisle, programe e acompanhe uma distribuição mais justa da terra e sua utilização eficaz.

— Dar apoio solidário às organizações de camponeses e indígenas que lutam, por meios justos e legítimos, para conservar ou readquirir suas terras.

— Promover progressos técnicos indispensáveis para que a terra produza, tendo em conta também as condições do mercado e, para tanto, a necessidade de fomentar a consciência da importância da tecnologia.

— Favorecer uma reflexão teológica em torno à problemática da terra, dando ênfase à inculturação e a uma presença efetiva dos agentes de pastoral nas comunidades de camponeses.

— Apoiar a organização de grupos intermediários, por exemplo, cooperativas, que sejam instância de defesa de direitos humanos, de participação democrática e de educação comunitária.

2.2.4. Empobrecimento e solidariedade

178. Evangelizar é fazer o que Jesus Cristo fez, quando mostrou na sinagoga que veio para "evangelizar" os pobres (cf. Lc 4,18-19). Ele "se fez pobre, embora fosse rico, para nos enriquecer com sua pobreza" (2Cor 8,9). Ele nos desafia a dar testemunho autêntico de pobreza evangélica em nosso estilo de vida e em nossas estruturas eclesiais, tal qual ele fez.

Esta é a fundamentação que nos compromete numa opção evangélica e preferencial pelos pobres, firme e irrevogável, mas não exclusiva e nem excludente, tão solenemente afirmada nas conferências de Medellín e Puebla. Sob a luz desta opção preferencial, a exemplo de Jesus, nos inspiramos para toda ação evangelizadora comunitária e pessoal (cf. SRS 42; RMi 14; João Paulo II, *Discurso inaugural*, 16). Com o "potencial evangelizador dos pobres" (P 1147), a Igreja pobre quer impulsionar a evangelização de nossas comunidades.

Descobrir nos rostos sofredores dos pobres o rosto do Senhor (Mt 25,31-46) é algo que desafia todos os cristãos a uma profunda conversão pessoal e eclesial. Na fé encontramos os rostos desfigurados pela fome, conseqüência da inflação, da dívida externa e das injustiças sociais; os rostos desiludidos pelos políticos que prometem, mas não cumprem; os rostos humilhados por causa de sua própria cultura, que não é respeitada, quando não desprezada; os rostos aterrorizados pela violência diária e indiscriminada; os rostos angustiados dos menores abandonados que caminham por nossas ruas e dormem sob nossas pontes; os rostos sofridos das mulheres humilhadas e desprezadas; os rostos cansados dos migrantes que não encontram digna acolhida; os rostos envelhecidos pelo tempo e pelo trabalho dos que não têm o mínimo para sobreviver dignamente (cf. CECAM, Documento de Trabalho, 163). Amor misericordioso é também se voltar para os que se encontram em carência espiritual, moral, social e cultural.

Desafios pastorais

179. — O crescente empobrecimento a que estão submetidos milhões de irmãos nossos, que chega a intoleráveis extremos de

miséria, é o mais devastador e humilhante flagelo que vive a América Latina e Caribe. Assim o denunciamos tanto em Medellín como em Puebla; e hoje voltamos a fazê-lo com preocupação e angústia.

— As estatísticas mostram com eloqüência que na última década as situações de pobreza cresceram, tanto em números absolutos como relativos. A nós, pastores, comove-nos até as entranhas ver continuamente a multidão de homens e mulheres, crianças e jovens e anciãos que sofrem o insuportável peso da miséria, assim como diversas formas de exclusão social, étnica e cultural; são pessoas humanas concretas e irrepetíveis que vêem seus horizontes cada vez mais fechados e sua dignidade desconhecida.

— Vemos o empobrecimento de nosso povo não só como um fenômeno econômico e social, registrado e quantificado pelas ciências sociais. Nós o vemos de dentro da experiência de muita gente com quem compartilhamos, como pastores, sua luta cotidiana pela vida.

— A política de corte neoliberal que predomina hoje na América Latina e no Caribe aprofunda ainda mais as conseqüências negativas destes mecanismos. Ao desregular indiscriminadamente o mercado, eliminar partes importantes da legislação trabalhista e despedir empregados; ao reduzir os gastos sociais que protegiam as famílias dos trabalhadores, foram ainda mais aumentadas as distâncias na sociedade.

— Temos de aumentar a lista dos rostos sofridos que já havíamos assinalado em Puebla (cf. DP 31-39), todos eles desfigurados pela fome, aterrorizados pela violência, envelhecidos por condições de vida infra-humanas, angustiados pela sobrevivência familiar. O Senhor nos pede que saibamos descobrir seu próprio rosto nos rostos sofridos dos irmãos.

— Por outro lado, comprovamos com alegria os múltiplos esforços que diversos grupos e instituições da América Latina e do Caribe estão fazendo, a fim de transformar esta realidade. A Igreja, chamada a ser cada vez mais fiel a sua opção preferencial pelos pobres, tem tido crescente participação nos mesmos. Damos graças a Deus por isto e convocamos a alargar o caminho já aberto, porque muito mais são os que ainda têm de caminhar por ele.

Linhas pastorais

180. — Assumir com decisão renovada a evangélica opção preferencial pelos pobres, seguindo o exemplo e as palavras do Senhor Jesus, com plena confiança em Deus, austeridade de vida e partilha de bens.

— Privilegiar o serviço fraterno aos mais pobres entre os pobres e ajudar as instituições que cuidam deles: os deficientes, enfermos, idosos solitários, crianças abandonadas, presos, aidéticos e todos aqueles que requerem a proximidade misericordiosa do "bom samaritano".

— Corrigir atitudes e comportamentos pessoais e comunitários, bem como as estruturas e métodos pastorais, a fim de que não afastem os pobres, mas propiciem a proximidade e a partilha com eles.

— Promover a participação social junto ao Estado, pleiteando leis que defendam os direitos dos pobres.

181. — Fazer de nossas paróquias um espaço para a solidariedade.

— Apoiar e estimular as organizações de economia solidária, com as quais nossos povos tratam de responder às angustiosas situações de pobreza.

— Urgir respostas dos Estados para as difíceis situações agravadas pelo modelo econômico neoliberal, que afeta principalmente os mais pobres. Entre estas situações, é importante destacar os milhões de latino-americanos que lutam para sobreviver na economia informal.

2.2.5. O trabalho

182. Uma das realidades que mais nos preocupa em nossa ação pastoral é o mundo do trabalho, por sua significação humanizadora e

salvífica, que tem origem na vocação co-criadora do homem como "imagem de Deus" (Gn 1,26) e que foi resgatado e elevado por Jesus, trabalhador e "filho de carpinteiro" (Mt 13,55 e Mc 6,3).

A Igreja, como depositária e servidora da mensagem de Jesus, sempre via o homem como sujeito que dignifica o trabalho, realizando-se a si mesmo e aperfeiçoando a obra de Deus, para fazer dela um louvor ao Criador e um serviço a seus irmãos.

O permanente ensino do magistério da Igreja sobre o trabalho como "chave da questão social" tem sido confirmado e desenvolvido nas recentes encíclicas sociais de João Paulo II (*Laborem Exercens: Sollicitudo Rei Socialis, Centesimus Annus*). De modo especial, sublinha "a dimensão subjetiva do trabalho" (LE 6), que é a expressão mais eloqüente da dignidade do trabalhador.

Desafios pastorais

183. — A realidade desafia uma cultura do trabalho e da solidariedade, partindo da fé em Deus Pai, que nos faz irmãos em Jesus Cristo. No que se refere ao mundo dos trabalhadores, alerta-se para uma deterioração em suas condições de vida e no respeito a seus direitos; um escasso ou nulo cumprimento de normas estabelecidas para os setores mais débeis (p. ex. crianças, aposentados...); uma perda de autonomia por parte das organizações de trabalhadores devido a dependências ou autodependências de diversos gêneros; abuso do capital, que desconhece ou nega a primazia do trabalho; poucas ou nulas oportunidades de trabalho para os jovens. Alerta-se para a alarmante falta de trabalho ou desemprego com toda a insegurança econômica e social que isso implica. O mundo do trabalho reclama o crescimento da economia e o aumento da produtividade, de modo a tornar possível, mediante uma justa e eqüitativa distribuição, o maior bem-estar do homem e de sua família.

184. Os direitos do trabalhador são um patrimônio moral da sociedade, que deve ser tutelado por uma adequada legislação social e sua necessária instância judicial, que assegure a continuidade confiável nas relações de trabalho.

Linhas pastorais

185. — Impulsionar e sustentar uma pastoral do trabalho em todas as nossas dioceses, a fim de promover e defender o valor humano do trabalho.

— Apoiar organizações próprias dos homens do trabalho para a defesa de seus legítimos direitos, em especial de um salário suficiente e de uma justa proteção social para a velhice, a doença e o desemprego (cf. CA 35).

— Favorecer a formação de trabalhadores, empresários e governantes em seus direitos e em seus deveres, e propiciar espaços de encontro e mútua colaboração.

2.2.6. A mobilidade humana

186. O Verbo de Deus se faz carne para reunir em um só povo os que andavam dispersos e para fazer deles "cidadãos do céu" (Fl 3,20; cf. Hb 11,13-16).

Assim, o Filho de Deus se faz peregrino, passa pela experiência dos que não têm lugar (cf. Mt 2,13-23), como migrante radicado numa insignificante aldeia (cf. Jo 1,46). Educa seus discípulos para serem missionários, fazendo-os passar pela experiência do que migra, a fim de confiar exclusivamente no amor de Deus, de cuja Boa-Nova são portadores (cf. Mc 6,6b-12).

Desafios pastorais

187. — Tem havido, nos últimos anos, um forte incremento da migração para os grandes países no Norte, e também — ainda que em menor escala — para outros países latino-americanos mais ricos. Surgem também fenômenos como a repatriação voluntária e a deportação dos que não obtêm visto de permanência. O auge das viagens e o turismo, e inclusive as peregrinações religiosas e dos que vivem do mar, interpelam a solicitude especial da Igreja.

— Nos países com especiais problemas de migração por causas socioeconômicas, existe, em geral, ausência de medidas sociais para detê-la; e nos países receptores, uma tendência a impedir seu ingresso. Isto traz graves conseqüências de desintegração familiar e dispersão de forças produtivas em nossos povos, junto com o desenraizamento, a insegurança, a discriminação e a degradação moral e religiosa dos migrantes. Não obstante, em alguns casos, conseguem inserir-se em comunidades católicas e ainda as revitalizam.

Linhas pastorais

188. — Reforçar a pastoral da mobilidade humana reunindo esforços entre dioceses e conferências episcopais das regiões afetadas, e cuidando que, na acolhida e demais serviços em favor dos migrantes, se respeitem suas riquezas espirituais e religiosas.

— Conscientizar os setores públicos sobre o problema das migrações, tendo em vista a eqüidade das leis sobre o trabalho e a seguridade social, e o cumprimento de convênios internacionais.

189. — Oferecer aos migrantes uma catequese adaptada a sua cultura e assessoria legal para proteger seus direitos.

— Apresentar alternativas aos camponeses para que não se sintam obrigados a migrar para a cidade.

2.2.7. A ordem democrática

190. — Cristo, o Senhor, enviado pelo Pai para a redenção do mundo, veio para anunciar a boa notícia e iniciar o Reino e, mediante a conversão das pessoas, obter uma nova vida segundo Deus e um novo tipo de convivência e relação social. À Igreja, fiel à missão que lhe outorgou o seu Fundador, corresponde constituir a comunidade dos filhos de Deus e ajudar na construção de uma sociedade onde primem os valores cristãos evangélicos.

- A Igreja respeita a legítima autonomia da ordem temporal e não tem um modelo específico de regime político. "A Igreja encara com simpatia o sistema da democracia, à medida que assegura a participação dos cidadãos nas opções políticas e garante aos governados a possibilidade quer de eleger e controlar os próprios governantes, quer de os substituir pacificamente, quando tal se torne oportuno" (CA 46).

- Durante os últimos anos deste processo, a Igreja tem desempenhado na América Latina e Caribe um papel de protagonista. Em muitos países, sua ação assentou alicerces para uma convivência baseada no diálogo e no respeito à pessoa humana. Apoiada no magistério de sua doutrina social, a Igreja vem acompanhando o povo em suas lutas e anseios por uma maior participação e pelo estado de direito.

191. — A liberdade, inerente à pessoa humana e posta em relevo pela modernidade, vem sendo conquistada pelo povo em nosso continente e tem possibilitado a instauração da democracia como o sistema de governo mais aceito, ainda que seu exercício seja ainda mais formal que real.

Desafios pastorais

192. — A convivência democrática, que se afirmou depois de Puebla, em alguns países, vem se deteriorando, entre outros fatores, pelos seguintes: corrupção administrativa, distanciamento das lideranças partidárias com relação aos interesses das bases e das reais necessidades da comunidade; vazios programáticos e desatenção ao social e ético-cultural da parte das organizações partidárias; governos eleitos pelo povo que não se orientam eficazmente para o bem comum; muito clientelismo político e populismo, porém, pouca participação.

Linhas pastorais

193. — Proclamar insistentemente à sociedade civil os valores de uma genuína democracia pluralista, justa e participativa.

- Iluminar e levar o povo a um real protagonismo.

— Criar as condições para que os leigos se formem segundo a doutrina social da Igreja, em ordem a uma atuação política dirigida ao saneamento e ao aperfeiçoamento da democracia, e ao serviço efetivo da comunidade.

— Orientar a família, a escola e as diversas instâncias eclesiais, para que eduquem nos valores que fundam uma autêntica democracia: responsabilidade, co-responsabilidade, participação, respeito da dignidade das pessoas, diálogo, bem comum.

2.2.8. Nova ordem econômica

194. Conscientes da gestação de uma nova ordem econômica mundial que afeta a América Latina e Caribe, a Igreja, a partir de sua perspectiva, é obrigada a fazer um sério esforço de discernimento. Temos de nos perguntar: até onde deve chegar a liberdade de mercado? Que características deve ter para que sirva ao desenvolvimento das grandes maiorias?

195. Segundo o recente ensinamento de João Paulo II (cf. *Centesimus Annus*), é lícita a livre atividade dos indivíduos no mercado. Isto não significa que o mercado possa oferecer todos os bens que a sociedade requer, nem que esta possa pagar muitos bens necessários. A economia de mercado deve ter em conta estes limites.

Por isso os ensinamentos do Santo Padre assinalam a necessidade de ações concretas dos poderes públicos para que a economia de mercado não se converta em algo absoluto ao qual se sacrifique tudo, acentuando a desigualdade e a marginalização das grandes maiorias. Não pode haver uma economia de mercado criativa e ao mesmo tempo socialmente justa, sem um sólido compromisso de toda a sociedade e seus atores com a solidariedade, através de um marco jurídico que assegure o valor da pessoa, a honra, o respeito à vida e a justiça distributiva, e a preocupação efetiva com os mais pobres.

196. Os ajustes econômicos, ainda que possam ser benéficos a longo prazo, ao frear a inflação e estabilizar a economia, costumam produzir grave deterioração do nível de vida dos pobres. Por

isso, o Estado é obrigado, na medida do possível, porém sincera e generosamente, a compensar os custos sociais dos mais pobres.

197. O problema da dívida externa não é só nem principalmente econômico, mas humano, porque leva a um empobrecimento cada vez maior e impede o desenvolvimento e retarda a promoção dos mais pobres. Perguntamo-nos por sua validade quando, por seu pagamento, a sobrevivência dos povos corre sério perigo, quando a população não foi consultada antes de contrair a dívida, e quando esta foi usada para fins nem sempre lícitos. Por isso, como pastores, fazemos nossa a preocupação de João Paulo II quando afirma que "é necessário encontrar modalidades para mitigar, reescalonar ou até cancelar a dívida, compatíveis com o direito fundamental dos povos à subsistência e ao progresso". (CA 35).

Desafios pastorais

198. — Os anos 1980 se caracterizaram pelo flagelo da inflação agravado pelo déficit fiscal, pelo peso da dívida externa e pela desordem monetária, pela destruição das economias estatais em razão da perda de recursos fiscais, da inflação e da corrupção, pela queda dos investimentos nacionais e estrangeiros, entre outros fenômenos.

— A relação dos preços, em nível internacional, entre as matérias-primas e os produtos manufaturados, tornou-se cada vez mais desigual e discriminatória, afetando muito desfavoravelmente a economia de nossos países. Esta situação persiste e tende a se agravar.

199. — O empobrecimento e a agudização da brecha entre ricos e pobres golpeiam de modo grave as grandes maiorias de nossos povos devido à inflação, à redução dos salários reais e à falta de acesso a serviços básicos, ao desemprego e ao aumento da economia informal e da dependência científico-tecnológica.

— Difundem-se uma mentalidade e um estilo de vida consumista e egoístas, amplamente divulgado pelos meios de comunicação social. Isto dificulta ou impede uma organização social mais justa e digna.

— Diante da crise de sistemas econômicos que conduziram a fracassos e frustrações, costuma apresentar-se como solução uma economia de livre mercado, assumida por não poucos sob o rótulo do neoliberalismo e com um alcance que vai além do puro campo econômico, e que parte de interpretações estreitas ou reducionistas da pessoa e da sociedade.

Linhas pastorais

200. — Incentivar o conhecimento, difusão e prática da doutrina social da Igreja nos distintos ambientes.

— Impulsionar nos diversos níveis e setores da Igreja uma pastoral social que parta da opção evangélica preferencial pelos pobres, atuando nas frentes do anúncio, da denúncia e do testemunho, promovendo iniciativas de cooperação, no contexto de uma economia de mercado.

— Educar nos valores da laboriosidade e da partilha, da honestidade e da austeridade, do sentido ético-religioso da vida, para que desde a família — primeira escola — formem-se homens novos para uma sociedade mais fraterna, onde se viva a destinação universal dos bens em contexto de desenvolvimento integral.

201. — Assentar as bases de uma economia solidária, real e eficiente, sem esquecer a correspondente criação de modelos socioeconômicos em nível local e nacional.

— Fomentar a busca e implementação de modelos socioeconômicos que conjuguem a livre iniciativa, a criatividade de pessoas e grupos, a função moderadora do Estado, sem deixar de dar atenção especial aos setores mais necessitados. Tudo isto, orientado para a realização de uma economia da solidariedade e da participação, expressa em diversas formas de propriedade.

202. — Promover relações econômicas internacionais que facilitem a transferência da tecnologia em um ambiente de reciprocidade social.

- Denunciar os mecanismos da economia de mercado que prejudicam fundamentalmente os pobres. Não podemos estar ausentes numa hora na qual não há quem vele por seus interesses.

203. — Constatar que a economia informal obedece a uma necessidade de sobrevivência, ainda que seja suscetível de naufrágio em caso de enfermidades, inflação etc.

- Recordar aos fiéis leigos que devem influir para que o Estado alcance maior estabilidade nas políticas econômicas, elimine a corrupção administrativa e aumente a descentralização administrativa, econômica e educacional.

- Reconhecer o papel fundamental da empresa, do mercado, da propriedade privada e da conseqüente responsabilidade para com os meios de produção, da criatividade humana, no marco jurídico de uma justiça social (CA 42).

2.2.9. Integração latino-americana

204. A experiência nos tem mostrado que nenhuma nação pode viver e desenvolver-se com solidez de maneira isolada. Todos sentimos a urgência de integrar o disperso e de unir esforços para que a interdependência se torne solidariedade e esta possa transformar-se em fraternidade. Por isso destacamos estes valores ao falar da realidade econômica e social do mundo e dos anseios de humanização nelas latentes.

Os cristãos encontram motivações muito profundas para continuar este esforço. Jesus Cristo tornou presente o Reino de Deus, um reino de justiça, de amor e de paz. Ele realizou a fraternidade de todos fazendo-se irmão nosso e ensinando-nos a nos reconhecer como filhos de um mesmo Pai (cf. Mc 14,36). Ele mesmo nos chamou à unidade: "Que todos sejam um como eu e o pai somos um" (Jo 17,21).

A Igreja é consciente de seu singular protagonismo e de seu papel orientador quanto à formação de uma mentalidade de pertença à humanidade e ao fomento de uma cultura solidária e de reconciliação.

205. A necessária interdependência das pessoas e das nações para uma autêntica solidariedade são características humanas. Também constatamos o dinamismo mundial das nações, que se associam, como sinal dos tempos, inclusive na América Latina e Caribe.

206. João Paulo II tem insistido na necessidade de transformar as estruturas que não respondem às necessidades dos povos e antes de tudo em "que as nações mais fortes devem oferecer às mais débeis oportunidade de inserção na vida internacional" (CA 35). Ante o espetáculo de países cada vez mais ricos junto a outros cada vez mais pobres, expressou: "São necessárias soluções em nível mundial, instaurando uma verdadeira economia de comunhão e participação de bens, tanto na ordem internacional como nacional. A este respeito, um fator que pode contribuir notavelmente para superar os problemas prementes que afetam hoje este continente é a integração latino-americana. É grave responsabilidade dos governantes favorecer o já iniciado processo de integração de alguns povos cuja mesma geografia, fé cristã, língua e cultura uniram definitivamente no caminho da história" (João Paulo II, *Discurso inaugural*, 15).

Desafios pastorais

207. — Experimentam-se um isolamento e fragmentação de nossas ações, ao mesmo tempo que se incrementa uma globalização da economia planetária junto à formação e/ou reformulação de grandes blocos.

208. — A formação de grandes blocos que ameaçam deixar isolado todo o continente, enquanto não responde a seus interesses econômicos.

— Dá-se uma desintegração no interior de nossos países como efeito de discriminações raciais ou grupais e do predomínio econômico-político-cultural de interesses particulares, que dificultam também uma abertura a espaços mais amplos.

— A falta de comunhão entre as Igrejas particulares de uma nação à outra, ou entre nações vizinhas do continente, debilita a força integradora da própria Igreja.

Linhas pastorais

209. — Fomentar e acompanhar os esforços em prol da integração latino-americana como "pátria grande", desde uma perspectiva de solidariedade, que exige, além disso, uma nova ordem internacional.

— Promover a justiça e a participação no interior de nossas nações, educando nestes valores, denunciando situações que os contradizem e dando testemunho de relação fraterna.

— Animar iniciativas e fortalecer as estruturas e organismos de colaboração intra-eclesial que sejam necessários ou úteis, respeitando as diversas competências. Assumir neste sentido a sugestão do Santo Padre relativa a um encontro dos episcopados de todo o continente americano.

2.3. A FAMÍLIA E A VIDA: DESAFIOS DE ESPECIAL URGÊNCIA NA PROMOÇÃO HUMANA

2.3.1. A família, santuário da vida

210. A Igreja anuncia com alegria e convicção a Boa-Nova sobre a família na qual se forja o futuro da humanidade e se concretiza a fronteira decisiva da nova evangelização. Assim o proclamamos, aqui na América Latina e no Caribe, num momento histórico em que a família é vítima de muitas forças que buscam destruí-la ou deformá-la.

É certo que o lugar mais indicado para falar da família é aquele em que se trata da Igreja particular, paróquia e comunidades eclesiais, uma vez que a família é a Igreja doméstica. Porém, por causa dos tremendos problemas que hoje afetam a vida humana, incluímos este tema na parte que trata da promoção humana.

Evidentemente reconhecemos a diversidade de famílias rurais e urbanas, cada uma dentro de seu contexto cultural; mas em todas as partes a família é fermento e sinal do amor divino e da Igreja e, portanto, deve estar aberta ao plano de Deus.

211. O matrimônio e a família no projeto original de Deus são instituições de origem divina e não produtos da vontade humana. Quando o Senhor disse "no começo não foi assim" (Mt 19,8), refere-se à verdade sobre o matrimônio, que, segundo o plano de Deus, excluiu o divórcio.

212. O homem e a mulher, imagem e semelhança de Deus (cf. Gn 2,16), que é amor, são chamados a viver no matrimônio o mistério da comunhão e relação trinitária. "Deus inscreve na pessoa humana a vocação e conseqüentemente a capacidade e a responsabilidade do amor e da comunhão" (FC 11). Homem e mulher são chamados ao amor na totalidade de seu corpo e espírito.

213. Jesus Cristo é a Nova Aliança, nele o matrimônio adquire sua verdadeira dimensão. Por sua encarnação e por sua vida em família com Maria e José, no lar de Nazaré, se constitui um modelo de toda família. O amor dos esposos por Cristo chega a ser como o dele: total, exclusivo, fiel e fecundo. A partir de Cristo e por sua vontade, proclamada pelo Apóstolo, o matrimônio cristão é um sacramento em que o amor humano é santificante e comunica a vida divina por obra de Cristo; um sacramento em que os esposos significam e realizam o amor de Cristo e de sua Igreja, amor que passa pelo caminho da cruz, das limitações, do perdão e dos defeitos para chegar à alegria da ressurreição. É necessário ter presente que "entre batizados, não pode haver contrato matrimonial válido, senão por esse mesmo sacramento" (CIC 1055,2).

214. No plano de Deus criador e redentor, a família descobre não só sua identidade, mas também sua missão: cuidar, revelar e comunicar o amor e a vida, através de quatro metas fundamentais (FC 17):

   a) A missão da família é viver, crescer e aperfeiçoar-se como comunidade de pessoas que se caracteriza pela unidade e indissolubilidade. A família é o lugar privilegiado para a realização pessoal junto com os seres amados.

   b) Ser "como o santuário da vida" (CA 39), serva da vida, já que o direito à vida é a base de todos os direitos humanos.

Este serviço não se reduz só à procriação, é antes auxílio eficaz para transmitir e educar em valores autenticamente humanos e cristãos.

c) Ser "célula primeira e vital da sociedade" (FC 42). Por sua natureza e vocação, a família deve ser promotora do desenvolvimento, protagonista de uma autêntica política familiar.

d) Ser "Igreja doméstica" que acolhe, vive, celebra e anuncia a Palavra de Deus, é ser santuário onde se edifica a santidade e a partir de onde a Igreja e o mundo podem ser santificados (FC 55).

Não obstante as graves crises da família, constatamos que muitas famílias latino-americanas e do Caribe se esforçam e vivem cheias de esperança e com fidelidade o projeto de Deus criador e redentor, a fidelidade, a abertura à vida, a educação cristã dos filhos e o compromisso com a Igreja e o mundo.

215. Deus é o Senhor da vida. A vida é dom seu. O homem não é, nem pode ser, árbitro ou dono da vida. O filho deve ser responsavelmente acolhido na família como dom preciosíssimo e irrepetível de Deus. A criança, concebida, não nascida, é ser mais pobre, vulnerável e indefeso que se há de defender e tutelar. Vê-se hoje, com maior clareza, a relação tão estreita, subjetiva e objetiva entre anticoncepção e aborto. Separa-se de modo drástico o significado unitivo e procriativo no ato conjugal, o que vem a ser traição do próprio sentido da vida.

2.3.2. Os desafios à família e à vida hoje

216. A mudança histórico-cultural tem causado impacto na imagem tradicional da família. Cada vez são mais numerosas as uniões consensuais livres, os divórcios e os abortos. A novidade é que estes problemas familiares se tornaram um problema de ordem ético-política, e uma mentalidade "laicizante" e os meios de comunicação social têm contribuído para isto.

217. Com demasiada freqüência, desconhece-se que o matrimônio e a família são um projeto de Deus, que convida o homem e

a mulher criados por amor a realizar seu projeto de amor em fidelidade até a morte, devido ao secularismo reinante, à imaturidade psicológica e a causas socioeconômicas e políticas, que levam a quebrantar os valores morais e éticos da família. Disso resulta a dolorosa realidade de famílias incompletas, casais em situação irregular e o crescente matrimônio civil sem celebração sacramental e uniões consensuais.

218. Um número crescente de famílias da América Latina e do Caribe interpela governos, sociedade e organismos internacionais, partindo de sua situação de miséria e fome em razão do desemprego, da carência da vida digna, de serviços educativos e sanitários, de salários baixos; a partir do abandono dos idosos e do crescente número de mães solteiras.

219. A cultura da morte nos desafia. Com tristeza humana e preocupação cristã, somos testemunhas das campanhas antivida, que se difundem na América Latina e no Caribe, perturbando a mentalidade do nosso povo com uma cultura de morte. O egoísmo, o medo do sacrifício e da cruz unidos às dificuldades da vida moderna geram uma rejeição do filho que não é responsável e alegremente acolhido na família, mas considerado como um agressor. Atemorizam-se as pessoas com um verdadeiro "terrorismo demográfico" que exagera o perigo que o crescimento da população pode representar para a "qualidade de vida".

Existe uma distribuição massiva de anticoncepcionais, em sua grande maioria abortivos. Imensos setores de mulheres são vítimas de programas de esterilizações massivas. Também os homens sucumbem ante estas ameaças. Nosso continente sofre por causa do "imperialismo contraceptivo, que consiste em impor a povos e culturas toda forma de contracepção, esterilização e aborto, que se considera efetiva, sem respeito às tradições religiosas, étnicas e familiares de um povo ou cultura" (Carta da Santa Sé à Reunião da OMS em Bangcoc).

Cada dia é maior o massacre do aborto, que produz milhões de vítimas em nossos povos latino-americanos. A mentalidade antivida, além da eutanásia pré-natal, leva à eliminação de crianças recém-nascidas e dos idosos e enfermos tidos por inúteis, defeituosos, ou "peso" para a sociedade. Outras expressões da cultura da morte são a eutanásia, a guerra, a guerrilha, o seqüestro, o terrorismo e o narcotráfico.

220. Os fiéis cristãos sentem-se perplexos ante as contradições e falta de coerência dos agentes de pastoral familiar, quando não seguem o magistério da Igreja (*Humanae Vitae*; *Familiaris Consortio*; *Reconciliatio et Poenitentia*).

221. A América Latina e o Caribe têm uma população infantil crescente. As crianças, adolescentes e jovens são mais da metade da população do continente (55%). Esta "emergência silenciosa" vivida pela América Latina e Caribe é desafiante não só do ponto de vista numérico, mas muito especialmente do ponto de vista humano e pastoral. Com efeito, em muitas cidades, têm aumentado os "meninos de rua" que perambulam dia e noite sem lar nem futuro. Em alguns países, têm sido vítimas de campanhas de extermínio, realizadas por organismos policiais e privados; crianças sem família, sem amor, sem acesso à educação, isto é, crianças em extrema miséria física e moral, muitas vezes conseqüência da desintegração familiar. Detectam-se, inclusive, um aberrante comércio de meninos e meninas, tráfico de órgãos e até utilização de crianças em cultos satânicos. Do ponto de vista da educação da fé, percebe-se um forte descuido quanto à recepção de sacramentos e à catequese.

Linhas pastorais

222. 1. Enfatizar a prioridade e centralidade da pastoral familiar na Igreja diocesana. Para isto é necessário capacitar agentes. Os movimentos apostólicos que têm por objetivo o matrimônio e a família podem oferecer apreciável cooperação às Igrejas particulares, dentro de um plano orgânico integral.

— A pastoral familiar não pode limitar-se a uma atitude meramente protetora; deve ser previsora, audaz e positiva. Há de discernir com sabedoria evangélica os desafios que as mudanças culturais apresentam à família. Há de denunciar as violações contra a justiça e a dignidade da família. Há de assistir as famílias dos setores mais pobres, rurais e urbanos, promovendo a solidariedade.

A pastoral familiar há de cuidar da formação dos futuros esposos e do acompanhamento dos cônjuges, sobretudo nos primeiros anos de sua vida matrimonial. Como preparação imediata têm reconhecido valor os cursos para noivos antes da celebração sacramental.

223. 2. Proclamar que Deus é o único Senhor da vida, que o homem não é nem pode ser amo ou árbitro da vida humana. Condenar e rejeitar qualquer violação exercida pelas autoridades em favor da anticoncepção, da eutanásia, da esterilização e do aborto provocado. Igualmente, as políticas de alguns governos e organismos internacionais que condicionam a ajuda econômica aos programas contra a vida.

224. Buscar, seguindo o exemplo do bom pastor, caminhos e formas para conseguir uma pastoral orientada a casais em situações irregulares, especialmente os divorciados e pessoas que de novo se casaram civilmente.

225. Fortalecer a vida da Igreja e da sociedade a partir da família: enriquecê-la a partir da catequese familiar, a oração no lar, a eucaristia, a participação no sacramento da reconciliação, o conhecimento da Palavra de Deus, para ser fermento na Igreja e na sociedade.

226. 3. Convidar os teólogos, cientistas e casais cristãos a colaborar com o magistério hierárquico para iluminar melhor os fundamentos bíblicos, as motivações éticas e as razões científicas para a paternidade responsável, para a decisão livre, de acordo com uma consciência bem formada, segundo os princípios da moral, tanto no que tange ao número de filhos que se podem educar, quanto aos métodos, segundo uma autêntica paternidade responsável. O fruto desses trabalhos será a promoção de programas e serviços que difundam os métodos naturais de planejamento e elaborem manuais de educação para a sexualidade e o amor, dirigidos a crianças, adolescentes e jovens.

— Ante os equívocos de alguns programas "demográficos", temos de recordar as palavras do papa no seu discurso inaugural dessa conferência: "O que é preciso é aumentar os meios e distribuir com maior justiça a riqueza, para que todos possam participar eqüitativamente dos bens da criação" (n. 15).

227. 4. Exercer o ministério profético da Igreja: denunciando toda violação contra as crianças nascidas e não-nascidas. Difundir e exigir o cumprimento da "convenção dos direitos da criança" com as observações da Santa Sé e ainda a carta da Santa Sé sobre os direitos da família. Orientar os leigos para que promovam nos diversos países legislações que tutelem os direitos das crianças e urgir seu cumprimento. Acompanhar e apoiar efetivamente os pais de família, educadores, catequistas e institutos religiosos que se dedicam à educação da infância, prestando especial atenção ao crescimento na fé. Fomentar a mística pelo trabalho a favor das crianças e promover a pastoral da infância, através de ações proféticas e caritativas que testemunhem o amor de Cristo pelas crianças mais pobres e abandonadas.

Capítulo 3
A cultura cristã

Introdução

228. A vinda do Espírito Santo em Pentecostes (cf. At 2,1-11) põe de manifesto a universalidade do mandato evangelizador: pretende chegar a toda cultura. Manifesta também a diversidade cultural dos fiéis, quando ouviam cada um dos apóstolos falar na sua própria língua.

Nasce a cultura com o mandato inicial de Deus aos seres humanos: crescer e multiplicar-se, encher a terra e submetê-la (Gn 1,28-30). Dessa maneira, a cultura é cultivo e expressão de todo o humano em relação amorosa com a natureza e na dimensão comunitária dos povos.

Quando Jesus Cristo, na encarnação, assume e exprime todo o humano, exceto o pecado, então o Verbo de Deus entra na cultura. Assim, Jesus Cristo é a medida de todo o humano e, portanto, também da cultura. Ele, que se encarnou na cultura de seu povo, traz para cada cultura histórica o dom da purificação e da plenitude. Todos os valores e expressões culturais que possam dirigir-se a Cristo promovem o autêntico humano. O que não passa pelo Cristo não poderá ficar redimido.

229. Por nossa adesão radical a Cristo no batismo, comprometemo-nos a fazer com que a fé, plenamente anunciada, pensada e vivida, chegue a fazer-se cultura. Assim, podemos falar de uma cultura cristã quando o sentir comum da vida de um povo tiver sido penetrado interiormente, até "situar a mensagem evangélica na base de seu pensamento, nos seus princípios fundamentais de vida, nos seus critérios de juízo, nas suas normas de ação" (João Paulo II, *Discurso inaugural*, 24) e dali

"projeta-se no *éthos* de um povo... nas suas instituições e em todas as estruturas" (ibid., 20).

Esta evangelização da cultura, que a invade até seu núcleo dinâmico, manifesta-se no processo de inculturação, que João Paulo II chamou de "centro, meio e objetivo da nova evangelização" (*Discurso ao Conselho Internacional de Catequese*, 26 de setembro de 1992). Os autênticos valores culturais, discernidos e assumidos pela fé, são necessários para encarnar nessa mesma cultura a mensagem evangélica e a reflexão e práxis da Igreja.

A Virgem Maria acompanha os apóstolos quando o Espírito de Jesus ressuscitado penetra e transforma os povos das diversas culturas. Maria, que é modelo da Igreja, também é modelo da evangelização da cultura. É a mulher judia que representa o povo da Antiga Aliança com toda a sua realidade cultural. Mas abre-se à novidade do Evangelho e está presente nas nossas terras como mãe comum, tanto dos aborígenes como daqueles que para cá vieram, propiciando desde o princípio a nova síntese cultural, que é a América Latina e o Caribe.

230. Inculturação do Evangelho

Posto que "hoje em dia percebe-se uma crise cultural de proporções inimagináveis" (João Paulo II, *Discurso inaugural*, 21) na qual vão desaparecendo valores evangélicos e ainda humanos fundamentais, apresenta-se à Igreja um desafio gigantesco para uma nova evangelização, ao qual se pretende responder com o esforço da inculturação do Evangelho. É necessário inculturar o Evangelho à luz dos três grandes mistérios da salvação: a natividade, que mostra o caminho da encarnação e move o evangelizador a partilhar sua vida com o evangelizado; a Páscoa, que conduz através do sofrimento à purificação dos pecados, para que sejam redimidos; e Pentecostes, que pela força do Espírito possibilita a todos entender, na sua própria língua, as maravilhas de Deus.

A inculturação do Evangelho é um processo que supõe reconhecimento dos valores evangélicos que se têm mantido mais ou menos puros na atual cultura; e o reconhecimento de novos valores que coincidem com a mensagem de Cristo. Mediante a inculturação, busca-se que a sociedade descubra o caráter cristão desses valores, os aprecie e os mantenha como tais. Além disso, pretende a incorporação de valores evangélicos que estão ausentes da cultura, ou porque se tenham obscurecido ou porque tenham chegado a desaparecer. "Pela inculturação, a Igreja encarna o Evangelho nas diversas culturas e simultaneamente introduz os povos com as suas culturas na sua própria comunidade, transmitindo-lhes os seus próprios valores, assumindo o que de bom nelas existe, e renovando-as a partir de dentro" (RMi 52). A fé, ao se encarnar nessas culturas, deve corrigir seus erros e evitar sincretismos. A tarefa da inculturação da fé é própria das Igrejas particulares sob a direção dos seus pastores, com a participação de todo o Povo de Deus. Os critérios fundamentais neste processo são a sintonia com as exigências objetivas da fé e a abertura à comunhão com a Igreja universal (cf. RMi 54).

3.1. Valores culturais:
Cristo, medida de nossa conduta moral

231. — Criados à imagem de Deus, temos a medida de nossa conduta moral em Cristo, Verbo encarnado, plenitude do homem. Já a conduta ética natural, essencialmente ligada à dignidade humana e seus direitos, constitui a base para um diálogo com os não-crentes.

Pelo batismo nascemos para uma vida nova e recebemos a capacidade de nos aproximar do modelo que é Cristo. Caminhar em direção a ele é a moral cristã; é a forma de vida própria do homem de fé, que com a ajuda da graça sacramental segue a Jesus Cristo, vive a alegria da salvação e abunda em frutos de caridade para a vida do mundo (cf. Jo 15; OT 16).

— Consciente da necessidade de seguir este caminho, o cristão se empenha na formação da própria consciência. Desta formação, tanto individual como coletiva, da maturidade de mentalidade, do seu sentido de responsabilidade e da pureza dos costumes dependem o desenvolvimento e a riqueza dos povos (cf. João Paulo II, *Discurso inaugural*, 19). A moral cristã só se entende dentro da Igreja e se plenifica na Eucaristia. Tudo o que nela podemos oferecer é vida; o que não se pode oferecer é o pecado.

Desafios pastorais

232. — Graças a Deus, na América Latina e no Caribe, há muita gente que segue com fidelidade a Jesus Cristo, mesmo em circunstâncias adversas. Todavia, observa-se na nossa realidade social o crescente desajuste ético-moral, em especial a deformação da consciência, a ética permissiva e uma sensível queda do sentido do pecado. Decresce o influxo da fé, perde-se o valor religioso, desconhece-se a Deus como sumo bem e último juiz. Diminui a prática do sacramento da reconciliação. É deficiente a apresentação do magistério moral da Igreja.

233. — A corrupção tem-se generalizado. Há um mau emprego dos recursos econômicos públicos; progridem a demagogia, o populismo, a "mentira política" nas promessas eleitorais; burla-se a justiça, generaliza-se a impunidade, e a comunidade se sente impotente e indefesa diante do delito. Com tudo isso, fomentam-se a insensibilidade social e o ceticismo ante a falta de aplicação da justiça, emitem-se leis contrárias aos valores humanos e cristãos fundamentais. Não há uma eqüitativa distribuição dos bens da terra, abusa-se da natureza e se danifica o ecossistema.

234. — Fomentam-se a mentalidade e as ações contra a vida mediante campanhas antinatalistas, de manipulação genética, do abominável crime do aborto e da eutanásia. Muda-se o sentido da vida como conquista do forte sobre o fraco, que propicia ações de ódio e destruição, e impede a construção e o crescimento do homem.

235. — Assiste-se assim à crescente deterioração da dignidade da pessoa humana. Crescem a cultura da morte, a violência e o

terrorismo, a toxicomania e o narcotráfico. Desnaturaliza-se a dimensão integral da sexualidade humana, faz-se de homens e mulheres, inclusive de crianças, uma indústria de pornografia e prostituição; no âmbito da permissividade e promiscuidade sexual, cresce o terrível mal da AIDS e aumentam as doenças venéreas.

236. — Introduz-se como norma de moralidade a chamada "ética civil ou cidadã", na base de um consenso mínimo de todos com a cultura reinante, sem necessidade de respeitar a moral natural e as normas cristãs. Observa-se uma "moral de situação" segundo a qual algo mau em si deixaria de sê-lo segundo as pessoas, circunstâncias e interesses em jogo. Freqüentemente os meios de comunicação social se fazem eco de todos esses critérios e os difundem.

Linhas pastorais

237. — Trabalhar na formação cristã das consciências e resgatar os valores perdidos da moral cristã. Voltar a tomar consciência do pecado (do pecado original e dos pecados pessoais) e da graça de Deus como força para poder seguir nossa consciência cristã. Despertar em todos a experiência do amor que o Espírito Santo derrama nos corações, como força de toda moral cristã.

238. — Zelar para que os meios de comunicação social nem manipulem, nem sejam manipulados ao transmitir, sob pretexto de pluralismo, o que destrói o povo latino-americano. Fortalecer a unidade da família e sua influência na formação da consciência cristã.

239. — Apresentar a vida moral como seguimento de Cristo, frisando a vivência das bem-aventuranças e a freqüente prática dos sacramentos. Difundir as virtudes morais e sociais que nos convertam em homens novos, criadores de uma nova humanidade. Este anúncio tem de ser vital e querigmático, especialmente onde mais se houver introduzido o secularismo, apresentando na catequese a conduta cristã como

o autêntico seguimento de Cristo. Cuidar que, no campo moral, a justa aplicação de critérios de gradualidade não diminua as exigências peremptórias da conversão.

240. — Favorecer a formação permanente dos bispos e presbíteros, dos diáconos, dos religiosos, religiosas e leigos, especialmente dos agentes de pastoral segundo ensinamento do magistério. A liturgia deve expressar mais claramente os compromissos morais que comporta. A religiosidade popular, especialmente nos santuários, deve voltar-se para a conversão. É mister fomentar e facilitar o acesso ao sacramento da reconciliação.

241. — Quanto ao problema da droga, implementar ações de prevenção na sociedade e de atenção e cura dos toxicômanos; denunciar com coragem os males que o vício e o tráfico da droga produzem em nossos povos, e o gravíssimo pecado que significa a sua produção, comercialização e consumo. Chamar especialmente a atenção sobre a responsabilidade dos poderosos mercados consumidores. Promover a solidariedade e a cooperação nacional e internacional no combate a este flagelo.

242. — Orientar e acompanhar pastoralmente os construtores da sociedade na formação de uma consciência moral em suas tarefas e na atuação política.

Estar sempre abertos ao diálogo com aqueles que guiam suas vidas por caminhos diferentes da ética cristã. Comprometer-se efetivamente na consecução da justiça e da paz dos nossos povos.

3.2. UNIDADE E PLURALIDADE DAS CULTURAS INDÍGENAS, AFRO-AMERICANAS E MESTIÇAS

Iluminação teológica

243. — A ação de Deus, através do seu Espírito, dá-se permanentemente no interior de todas as culturas. Na plenitude dos tempos, Deus enviou seu filho Jesus Cristo, que assumiu

as condições sociais e culturais dos povos e se fez "em tudo como nós, com exceção do pecado" (Hb 4,14; cf. GS 22).

— A analogia entre a encarnação e a presença cristã no contexto sociocultural e histórico dos povos suscita para nós o problema teológico da inculturação. Esta inculturação é um processo que vai do Evangelho ao coração de cada povo e comunidade, com a mediação da linguagem e dos símbolos compreensíveis e apropriados segundo o juízo da Igreja.

— Uma meta da evangelização inculturada será sempre a salvação e libertação integral de determinado povo ou grupo humano, que fortaleça sua identidade e confie em seu futuro específico, contrapondo-se aos poderes da morte, adotando a perspectiva de Jesus Cristo encarnado, que salvou o homem partindo da fraqueza, da pobreza e da cruz redentora. A Igreja defende os autênticos valores culturais de todos os povos, especialmente dos oprimidos, indefesos e marginalizados, diante da força esmagadora das estruturas de pecado manifestas na sociedade moderna.

Desafios pastorais

244. — A América Latina e o Caribe configuram um continente multiétnico e pluricultural. Nele convivem, em geral, povos aborígenes, afro-americanos, mestiços e descendentes de europeus e asiáticos, cada qual com sua própria cultura que os situa em sua respectiva identidade social, segundo a cosmovisão de cada povo. Eles buscam, porém, uma unidade a partir da identidade católica.

245. — Os povos indígenas de hoje cultivam valores humanos de grande significação. Eles têm, nas palavras de João Paulo II, "a certeza de que o mal se identifica com a morte e o bem com a vida" (João Paulo II, *Mensagem aos indígenas*, 2). Estes valores e convicções são fruto das "sementes do Verbo" que estavam já presentes e atuantes nos seus antepassados, para que fossem descobrindo a presença do Criador em todas as suas criaturas: o sol, a lua, a mãe-terra etc. (cf. ibid.).

A Igreja, ao se encontrar com estes povos nativos, desde o princípio tratou de acompanhá-los na luta pela própria sobrevivência ensinando-lhes o caminho de Cristo salvador, a partir da injusta situação de povos vencidos, invadidos e tratados como escravos. Na primeira evangelização, junto a enormes sofrimentos, houve grandes acertos e intuições pastorais valiosas, cujos frutos perduram até os nossos dias.

246. — As culturas afro-americanas, presentes na América Latina e no Caribe, estão marcadas por uma constante resistência à escravidão. Estes povos, que somam milhões de pessoas, têm também nas suas culturas valores humanos que expressam a presença do Deus criador.

Durante os quatro séculos passados, é indubitável que vários milhões de africanos negros foram transportados como escravos, violentamente arrancados de suas terras, separados de suas famílias e vendidos como mercadoria. A escravidão dos negros e a matança dos índios foram o maior pecado da expansão colonial do Ocidente. Infelizmente, no que se refere à escravidão, ao racismo e à discriminação, houve batizados que não se mantiveram alheios a essa situação.

247. — Como o assinalou vigorosamente o Documento de Puebla, nos povos que são fruto da mestiçagem racial, tem-se desenvolvido uma cultura "mestiça" particular, na qual está muito vigente a religiosidade popular, como forma inculturada do catolicismo. Coexistem, no entanto, o descumprimento de deveres cristãos ao lado de admiráveis exemplos de vida cristã e um desconhecimento da doutrina ao lado de vivências católicas enraizadas nos princípios do Evangelho.

Nas expressões culturais religiosas de camponeses e de habitantes das periferias urbanas, reconhece-se grande parte do patrimônio cristão do continente e uma fé arraigada dos valores do Reino de Deus.

Linhas pastorais: evangelização inculturada

248. — Depois de ter pedido perdão com o Papa aos nossos irmãos indígenas e afro-americanos "perante a infinita santidade de Deus, pelos fatos marcados pelo pecado, pela injustiça e pela violência" (Audiência geral, quarta-feira, 21 de outubro de 1991), queremos desenvolver uma evangelização inculturada:

1. Para com nossos irmãos indígenas:

Oferecer o Evangelho de Jesus com o testemunho de uma atitude humilde, compreensiva e profética, valorizando sua palavra através de uma diálogo respeitoso, franco e fraterno e esforçar-nos por conhecer suas próprias línguas.

Crescer no conhecimento crítico de suas culturas para apreciá-las à luz do Evangelho.

Promover uma inculturação da liturgia, acolhendo com apreço seus símbolos, ritos e expressões religiosas compatíveis com o claro sentido da fé, mantendo o valor dos símbolos universais e em harmonia com a disciplina geral da Igreja.

Acompanhar sua reflexão teológica, respeitando suas formulações culturais, que os auxiliam a dar a razão de sua fé e de sua esperança.

— Crescer no conhecimento de sua cosmovisão, que faz da globalidade de Deus, homem e mundo, uma unidade que impregna todas as relações humanas, espirituais e transcendentes.

— Promover nos povos indígenas seus valores culturais autóctones mediante uma inculturação da Igreja, para atingir uma maior realização do Reino.

249. 2. Para com nossos irmãos afro-americanos:

Conscientes do problema da marginalização e do racismo que pesa sobre a população negra, a Igreja, na sua missão evangelizadora, quer participar dos seus sofrimentos e acompanhá-los em suas legítimas aspirações em busca de uma vida mais justa e digna para todos (cf. ibid.).

— Pela mesma razão, a Igreja na América Latina e no Caribe quer apoiar os povos afro-americanos na defesa de sua identidade e no reconhecimento de seus próprios valores, como também ajudá-los a manter vivos seus usos e costumes compatíveis com a doutrina cristã (discurso do Papa João Paulo II aos afro-americanos em São Domingos).

— Da mesma forma, comprometemo-nos a dedicar especial atenção à causa das comunidades afro-americanas no campo pastoral, favorecendo a manifestação das expressões religiosas próprias de suas culturas (Ib.).

250. 3. Desenvolver a consciência da mestiçagem, não só em nível racial, mas também cultural, que caracteriza as grandes maiorias em muitos dos nossos povos, pois está vinculada à inculturação do Evangelho.

Promoção humana das etnias

251. Para uma autêntica promoção humana, a Igreja quer apoiar os esforços que estes povos fazem para serem reconhecidos como tais, pelas leis nacionais e internacionais, com pleno direito à terra, às suas próprias organizações e vivências culturais, a fim de garantir o direito que têm de viver segundo sua identidade, sua própria língua e seus costumes ancestrais, e de se relacionar em plena igualdade com todos os povos da terra.

Portanto, assumimos os seguintes compromissos:

— Superar a mentalidade e a práxis do desenvolvimento induzido do exterior, em favor do autodesenvolvimento, a fim de que estes povos sejam artífices do seu próprio destino.

— Contribuir eficazmente para deter e erradicar as políticas tendentes a fazer desaparecer as culturas autóctones como meios de forçada integração; ou pelo contrário, políticas que queiram manter os indígenas isolados e marginalizados da realidade nacional.

— Impulsionar a plena vigência dos direitos humanos dos indígenas e afro-americanos, incluindo a legítima defesa de suas terras.

— Como gesto concreto de solidariedade em favor dos camponeses, indígenas e afro-americanos, apoiar a fundação *Populorum Progressio*, instituída pelo Santo Padre.

— Rever completamente nossos sistemas educacionais, para eliminar definitivamente todo aspecto discriminatório no que diz respeito a métodos educativos, volume e investimento de recursos.

— Fazer o possível para que se garanta aos indígenas e afro-americanos uma educação adequada a suas respectivas culturas, começando inclusive com a alfabetização bilíngüe.

3.3. Nova cultura

3.3.1. Cultura moderna

Situação

252. — Embora realidade pluricultural, a América Latina e o Caribe estão profundamente marcados pela cultura ocidental, cuja memória, consciência e projeto se apresentam sempre no nosso predominante estilo de vida comum. Daí o impacto que a cultura moderna e as possibilidades a nós atualmente oferecidas por seu período pós-moderno produziram em nossa maneira de ser.

A cultura moderna se caracteriza pela centralidade do homem; os valores da personalização, da dimensão social e da convivência; a absolutização da razão, cujas conquistas científicas e tecnológicas e informáticas têm satisfeito muitas das necessidades do homem, ao mesmo tempo que têm buscado autonomia em relação à natureza, a qual domina; em relação à história, cuja construção ele assume; e inclusive em relação a Deus, do qual se desinteressa ou relega à consciência pessoal, privilegiando exclusivamente a ordem temporal.

— A pós-modernidade é o resultado do fracasso da pretensão reducionista da razão moderna, que leva o homem a questionar tanto alguns êxitos da modernidade como a confiança no progresso indefinido, embora reconheça, como o faz também a Igreja (GS 57), seus valores.

— Tanto a modernidade, com seus valores e contravalores, como a pós-modernidade enquanto espaço aberto à transcendência, apresentam sérios desafios à evangelização da cultura.

Desafios pastorais

253. Ruptura entre fé e cultura, conseqüência do fechamento do homem moderno à transcendência, e da excessiva especialização que impede a visão de conjunto.

— Escassa consciência da necessidade de uma verdadeira inculturação como caminho para a evangelização da cultura.

— Incoerência entre os valores do povo, inspirados em princípios cristãos, e as estruturas sociais geradoras de injustiças, que impedem o exercício dos direitos humanos.

— O vazio ético e o individualismo reinante, que reduzem a fundamentação dos valores a meros consensos sociais subjetivos.

— O poder massivo dos meios de comunicação social, com freqüência a serviço de contravalores.

— A escassa presença da Igreja no campo das expressões dominantes da arte, do pensamento filosófico e antropológico-social, do universo da educação.

— A nova cultura urbana, com seus valores, expressões e estruturas características, com seu espaço aberto e, ao mesmo tempo, diversificado, com sua mobilidade, em que predominam as relações funcionais.

Linhas pastorais

254. — Apresentar Jesus Cristo como paradigma de toda atitude pessoal e social, e como resposta aos problemas que afligem as culturas modernas: o mal, a morte e a falta de amor.

— Intensificar o diálogo entre fé e ciência, fé e expressões, fé e instituições, grandes âmbitos da cultura moderna.

— Cuidar dos sinais e da linguagem cultural que assinala a presença cristã e permite introduzir a originalidade da mensagem evangélica no coração das culturas, especialmente no campo da liturgia.

— Promover e formar o laicado para exercer no mundo sua tríplice função: a profética, no campo da Palavra, do pensamento, de sua expressão de valores; a sacerdotal, no mundo da celebração e do sacramento, enriquecida pelas expressões da arte e da comunicação; a régia, no universo das estruturas sociais, políticas e econômicas.

— Promover o conhecimento e discernimento da cultura moderna, visando a uma adequada inculturação.

3.3.2. A cidade

Desafios pastorais

255. — A América Latina e o Caribe acham-se hoje num acelerado processo de urbanização. A cidade pós-industrial não representa só uma variante do tradicional hábitat humano, mas constitui, de fato, a passagem da cultura rural à cultura urbana, sede e motor da nova civilização universal (cf. DP 429). Nela altera-se a forma com a qual, num grupo social, num povo, numa nação, os homens cultivam sua relação com eles mesmos, com os outros, com a natureza e com Deus.

— Na cidade, as relações com a natureza se limitam, quase sempre e pelo próprio ser da cidade, ao processo de produção de bens de consumo. As relações entre as pessoas se tornam amplamente funcionais e as relações com Deus passam por uma acentuada crise, porque falta a mediação da natureza, tão importante na religiosidade rural, e porque a modernidade tende a fechar o homem dentro da imanência do mundo. As relações do homem urbano com ele mesmo também mudam, porque a cultura moderna faz com que valorize principalmente sua liberdade, sua autonomia, a racionalidade científico-tecnológica e, de modo geral, sua subjetividade, sua dignidade humana e seus direitos. Com efeito, na cidade, encontram-se os grandes centros geradores da ciência e tecnologia moderna.

— Nossas metrópoles latino-americanas têm também, como característica atual, periferias de pobreza e miséria, que quase sempre constituem a maioria da população, fruto de modelos econômicos exploradores e excludentes. Até o campo se urbaniza pela multiplicação das comunicações e transportes.

— Por sua vez, o homem urbano atual apresenta um tipo diverso do homem rural: confia na ciência e na tecnologia; é influenciado pelos grandes meios de comunicação social; é dinâmico e voltado para o novo; consumista, audiovisual, anônimo na massa e desarraigado.

Linhas pastorais

256. — Realizar uma pastoral urbanamente inculturada com relação à catequese, à liturgia e à organização da Igreja. A Igreja deverá inculturar o Evangelho na cidade e no homem urbano, discernir seus valores e antivalores; captar sua linguagem e seus símbolos. O processo de inculturação abrange o anúncio, a assimilação e a reexpressão da fé.

257. — Reprogramar a paróquia urbana. A Igreja na cidade deve reorganizar as suas estruturas pastorais. A paróquia urbana deve ser mais aberta, flexível e missionária, permitindo uma ação pastoral transparoquial. Além disso, a estrutura da cidade exige uma pastoral especialmente pensada para essa realidade. Lugares privilegiados da missão deveriam ser as grandes cidades, onde surgem novas formas de cultura e comunicação.

258. — Promover a formação de leigos para a pastoral urbana, com formação bíblica e espiritual; criar ministérios conferidos aos leigos para a evangelização das grandes cidades.

259. — Multiplicar as pequenas comunidades, os grupos e movimentos eclesiais, e as comunidades eclesiais de base. Iniciar a chamada "pastoral dos edifícios", mediante a ação de leigos comprometidos que vivam neles.
260. — Programar uma pastoral ambiental e funcional, diferenciada segundo os espaços da cidade. Uma pastoral de acolhida, dado o fenômeno das migrações. Uma pastoral para os grupos marginalizados. Assegurar a assistência religiosa aos habitantes das grandes cidades, durante os meses de verão e férias; dispensar atenção pastoral aos que passam habitualmente os fins de semana fora da cidade, onde não têm possibilidade de cumprir o preceito dominical.
261. — Incentivar a evangelização dos grupos de influência e dos responsáveis da cidade, no sentido de fazer da mesma, principalmente nos bairros populares, um hábitat digno do homem.
262. — Promover em âmbito continental (CELAM), nacional e regional, encontros e cursos sobre evangelização das grandes metrópoles.

3.4. A AÇÃO EDUCATIVA DA IGREJA

Iluminação teológica

263. — Reafirmamos o que dissemos em Medellín e Puebla (cf. Documento de Educação, Medellín, Puebla) e, a partir dali, assinalamos alguns aspectos importantes para a educação católica nos nossos dias.
— A educação é a assimilação da cultura. A educação cristã é a assimilação da cultura cristã. É a inculturação do Evangelho na própria cultura. Seus níveis são bem diversos: escolares ou não-escolares, elementares ou superiores, formais ou não-formais. Em todo caso, a educação é um processo dinâmico que dura a vida toda da pessoa e dos povos. Recolhe a memória do passado, ensina a viver hoje e se projeta para o futuro. Por isso, a educação cristã é indispensável na nova evangelização.

264. — A educação cristã desenvolve e assegura a cada cristão a sua vida de fé e faz com que verdadeiramente nele sua vida seja Cristo (cf. Fl 1,21). Por ela, ecoam no homem as "palavras de vida eterna" (Jo 6,68), realiza-se em cada pessoa a "nova criatura" (2Cor 5,17) e se leva a cabo o projeto do Pai de "recapitular em Cristo todas as coisas" (Ef 1,10). Assim a educação cristã se funda numa verdadeira antropologia cristã, que significa a abertura do homem para Deus como Criador e Pai, para os outros como seus irmãos, e para o mundo como aquilo que lhe foi entregue para potenciar suas virtualidades e não para exercer sobre ele um domínio despótico que destrua a natureza.

265. — Nenhum mestre educa sem saber para que educa e em que direção educa. Há um projeto de homem encerrado em todo projeto educativo; e este projeto vale ou não, segundo construa ou destrua o educando. Este é o valor educativo. Quando falamos de uma educação cristã, queremos dizer que o mestre educa para um projeto de homem no qual Jesus Cristo viva. Há muitos aspectos nos quais educar e muitos que constam do projeto educativo do homem; há muitos valores; mas estes valores nunca estão sós, sempre formam uma constelação ordenada, explícita ou implicitamente. Se a estruturação tem como fundamento e termo Cristo, tal educação recapitulará tudo em Cristo e será uma verdadeira educação cristã; caso contrário, pode falar de Cristo, mas não é educação cristã.

— O mestre cristão deve ser considerado como sujeito eclesial que evangeliza, que catequiza e educa cristãmente. Tem uma identidade definida na comunidade eclesial. Seu papel deve ser reconhecido na Igreja.

266. — Na situação atual encontramos uma pluralidade de valores que nos interpelam e que são ambivalentes. Daí surge a necessidade de confrontar os novos valores educacionais com Cristo revelador do mistério do homem. Na nova educação, trata-se de fazer crescer e amadurecer a pessoa segundo as exigências dos novos valores; a isto deve agregar

a harmonização com a tipologia própria do contexto latino-americano.

— Geralmente nos pedem, com base em critérios secularistas, que eduquemos o homem técnico, o homem apto para dominar seu mundo e viver num intercâmbio de bens produzidos sob certas normas políticas: as mínimas. Esta realidade nos interpela fortemente para podermos ser conscientes de todos os valores que estão nela e podê-los recapitular em Cristo; interpela-nos para continuar a linha da encarnação do Verbo na nossa educação cristã, e para chegar ao projeto de vida para todo homem, que é Cristo, morto e ressuscitado.

Desafios pastorais

267. — A partir de outros aspectos, a realidade educacional latino-americana nos interpela pela exclusão de muita gente da educação escolar, mesmo a básica, pelo grande analfabetismo que existe em vários dos nossos países; interpela-nos pela crise da família, a primeira educadora, pelo divórcio existente entre o Evangelho e a cultura; pelas diferenças sociais e econômicas que fazem com que a educação católica seja dispendiosa para muitos, especialmente nos níveis superiores. Interpela-nos também a educação informal que se recebe através de tantos comunicadores não propriamente cristãos, por exemplo, na televisão.

268. — Um grande desafio é a universidade católica e a universidade de inspiração cristã, já que o seu papel é essencialmente o de realizar um projeto cristão de homem e, portanto, tem de estar em diálogo vivo, contínuo e progressivo com o humanismo e com a cultura técnica, de maneira que saiba ensinar a autêntica sabedoria cristã, pela qual o modelo do "homem trabalhador", aliado ao de "homem sábio", culmine em Jesus Cristo. Só assim poderá apontar soluções para os complexos problemas não resolvidos da cultura emergente e para as novas estruturações sociais, como a dignidade da pessoa humana, os direitos invioláveis da vida, a liberdade

religiosa, a família como primeiro espaço para o compromisso social, a solidariedade nos seus distintos níveis, o compromisso próprio de uma sociedade democrática, a complexa problemática econômico-social, o fenômeno das seitas e a velocidade da mudança cultural.

269. — No campo escolar, outro desafio é o que representa, em vários países, o espinhoso problema das relações entre a educação estatal e a educação cristã. Embora em outras nações se tenha produzido maior viabilidade das mesmas, há países em que ainda não se compreende que a educação católica é um direito inalienável dos pais de família católicos e de seus filhos e ali não se dispensam os recursos necessários para ela, ou simplesmente é proibida.

270. — Outros desafios significativos são a ignorância religiosa da juventude, a educação extra-escolar e a educação informal. Também é um desafio a educação adequada às diferentes culturas, em especial às culturas indígenas e afro-americanas; não só no sentido de que não se adapta à sua maneira de ser, mas no de não marginalizá-las nem excluí-las do progresso, da igualdade de oportunidades e da capacidade de construir a unidade nacional.

Linhas pastorais

271. — Nossos compromissos no campo educacional se resumem, sem dúvida, à linha pastoral da inculturação: a educação é a mediação metodológica para a evangelização da cultura. Portanto, pronunciamo-nos por uma educação cristã desde e para a vida no âmbito individual, familiar e comunitário e no âmbito do ecossistema; que fomente a dignidade da pessoa humana e a verdadeira solidariedade; educação a ser integrada por um processo de formação cívico-social inspirado no Evangelho e na doutrina social da Igreja. Comprometemo-nos com uma educação evangelizadora.

272. — Apoiamos os pais de família para que decidam, de acordo com suas convicções, o tipo de educação para seus filhos

e denunciamos todas as intromissões do poder civil que cortam este direito natural. Deve garantir-se o direito da formação religiosa para cada pessoa, e, portanto, o do ensino religioso nas escolas em todos os níveis.

273. — Apoiamos os educadores cristãos que trabalham em instituições da Igreja, as congregações que se dedicam ao trabalho educativo e os professores católicos que trabalham em instituições não-católicas. Devemos promover a formação permanente dos educadores católicos no que concerne ao crescimento de sua fé e à capacidade de comunicá-la como verdadeira sabedoria, especialmente na educação católica.

274. — Urge uma verdadeira formação cristã sobre a vida, o amor e a sexualidade, que corrija os desvios de certas informações que se recebem nas escolas. Urge uma educação para a liberdade, um dos valores fundamentais da pessoa. É também necessário que a educação cristã se preocupe em educar para o trabalho, especialmente nas circunstâncias da cultura atual.

275. — Os carismas das ordens e congregações religiosas, postos a serviço da educação católica nas diversas Igrejas particulares do nosso continente, nos auxiliam sobremodo a cumprir o mandato recebido do Senhor de ir ensinar a todas as gentes (Mt 28,18-20), especialmente na evangelização da cultura. Conclamamos os religiosos e as religiosas que abandonaram este campo tão importante da educação católica a que se reincorporem à sua tarefa; recordando que a opção preferencial pelos pobres inclui a opção preferencial pelos meios para que as pessoas saiam da sua miséria. Um dos meios privilegiados para isto é a educação católica. A opção preferencial pelos pobres se manifesta também em que os religiosos educadores continuem seu trabalho educativo em tantas regiões rurais, tão afastadas como necessitadas.

276. — Devemos também nos esforçar para que a educação católica escolar em todos os seus níveis esteja ao alcance de todos e não se veja restrita a alguns, mesmo em vista dos problemas econômicos que isso implica. Deve-se promover a responsabilidade da comunidade paroquial na escola e sua gestão.

Pedimos que se garantam os recursos públicos destinados à educação católica.

Cremos particularmente que a universidade católica, a partir da constituição apostólica *Ex Corde Ecclesiae*, é chamada a uma importante missão de diálogo entre o Evangelho e as culturas e de promoção humana na América Latina e Caribe.

277. — Cientes da extensão planetária da cultura atual, formaremos, a partir da educação católica e em todo nível, uma consciência crítica diante dos meios de comunicação social. Urge dotar as famílias de critérios de verdade para capacitá-las para o uso da TV, da imprensa e do rádio.

278. — Transformar a escola católica numa comunidade, centro de irradiação evangelizadora, mediante alunos, pais e mestres. Empenhamo-nos em fortalecer a comunidade educativa e nela um processo de formação cívico-social, inspirado no Evangelho e no magistério social da Igreja, que responda às verdadeiras necessidades do povo. Reforçar-se-á, outrossim, a organização dos estudantes, docentes, pais e alunos e ex-alunos, como método de educação cívico-social e política que possibilite a formação democrática das pessoas. Solicitamos aos governos que sigam em seus esforços de promover cada vez mais a democratização da educação.

3.5. Comunicação social e cultura

Iluminação teológica

279. — A evangelização, anúncio do Reino, é comunicação, para que vivamos em comunhão (cf. DP 1063): "O que vimos e ouvimos, vo-lo anunciamos, para que estejais também em comunhão conosco. E a nossa comunhão é com o Pai e com seu filho Jesus Cristo" (1Jo 1,3). Cada pessoa e cada grupo humano desenvolve sua identidade no encontro com outros (alteridade). Esta comunicação é caminho necessário para chegar à comunhão (comunidade). A razão é que o homem foi feito à imagem de Deus uno e trino, e no coração da re-

velação encontramos seu mistério trinitário como a comunicação eternamente interpessoal, cuja palavra se faz diálogo, entra na história por obra do Espírito e inaugura assim um mundo de novos encontros, intercâmbios, comunicação e comunhão. Esta comunicação é importante não só com o mundo, mas também no interior da Igreja.

— No gesto de comunicação do Pai, através do Verbo feito carne, "a Palavra se faz libertadora e redentora para toda a humanidade, na pregação e na ação de Jesus. Este ato de amor pelo qual Deus se revela, associado à resposta de fé da humanidade, gera um diálogo profundo" (Pontifício Conselho para as Comunicações Sociais, instrução pastoral *Aetatis Novae*, 6). Cristo é o modelo de comunicador, nele, Deus, o totalmente outro, sai ao nosso encontro e espera nossa resposta livre. Este encontro de comunhão com ele é sempre crescimento. É o caminho da santidade.

— Assim se dá uma relação muito íntima entre evangelização, promoção humana e cultura, fundada na comunicação, o que impõe à Igreja tarefas e desafios concretos no campo da comunicação social. Disse-o o Papa no discurso inaugural desta Conferência: "Intensificar a presença da Igreja no mundo da comunicação há de ser certamente uma das vossas prioridades" (João Paulo II, *Discurso inaugural*, 23).

— Sabemos que nos encontramos na nova cultura da imagem, e que a mensagem evangélica deve inculturar-se nessa cultura, levando-a a ser expressão de Cristo, a máxima comunicação. Compreendemos a importância dos inumeráveis meios eletrônicos que agora estão ao nosso alcance para anunciar o Evangelho. Damos graças a Deus por este novo dom que nos deu na cultura atual.

Desafios pastorais

280. — O desenvolvimento tecnológico em matéria de comunicações, especialmente na televisão, oferece à evangelização amplas perspectivas de comunicação nos mais diversos

níveis e facilita à sociedade em geral uma inter-relação também planetária. Este é um fato positivo, mas também no contexto atual apresenta desafios muito sérios pela orientação secularista de muitas programações.

Damo-nos conta do desenvolvimento da indústria da comunicação na América Latina e no Caribe, que mostra o crescimento de grupos econômicos e políticos que concentram cada vez mais em poucas mãos e com enorme poder a propriedade dos diferentes meios e chegam a manipular a comunicação, impondo uma cultura que estimula o hedonismo e o consumismo e atropela nossas culturas com os seus valores e identidades.

— Vemos como a publicidade freqüentemente introduz falsas expectativas e cria necessidades fictícias; vemos também como especialmente na programação televisiva sobejam a violência e a pornografia, que penetram agressivamente no seio das famílias. Também constatamos que as seitas fazem uso cada vez mais intensivo e extensivo dos meios de comunicação.

— Por outro lado, a presença da Igreja no sistema de meios é ainda insuficiente e carece de suficientes agentes com a preparação devida para enfrentar o desafio; além disso, falta por parte dos diferentes episcopados um adequado planejamento da pastoral das comunicações.

A telemática e a informática são novos desafios para a integração da Igreja neste mundo.

Linhas pastorais

281. — Apoiar e estimular os esforços daqueles que, com o uso dos meios, defendem a identidade cultural, assumem o desafio do encontro com realidades novas e distintas e procuram que se dê lugar a um diálogo autêntico. Articular a comunicação massiva com a comunitária e grupal. Esforçar-se para ter meios próprios e, ao menos, uma produtora de vídeo a serviço da América Latina e do Caribe.

282. — Ajudar a discernir e orientar as políticas e estratégias da comunicação, que devem encaminhar-se a criar condições para o encontro entre as pessoas, para a vigência de uma autêntica e responsável liberdade de expressão, para fomentar os valores culturais próprios e buscar a integração latino-americana.
283. — Dar aos profissionais católicos da comunicação o apoio suficiente para cumprir sua missão. Procurar uma crescente relação de comunhão eclesial com as organizações internacionais (OCIC-AL, UNDA-AL, UCLAP), cujos "membros podem ser colaboradores valiosos e competentes das conferências episcopais e dos diferentes bispos" (Pontifício Conselho para as Comunicações Sociais, instrução pastoral *Aetatis Novae*, 17). As comissões episcopais de comunicação de cada país e o próprio DECOS-CELAM e o SERTAL hão de aumentar e melhorar sua presença neste campo.
284. — Deve-se pôr todo empenho na formação técnica, doutrinal e moral de todos os agentes de pastoral que trabalham em e com os meios de comunicação social. Ao mesmo tempo, é necessário um plano de educação orientado para a percepção crítica, especialmente nos lares, como para a capacidade de utilizar ativa e criativamente os meios e sua linguagem, empregando os símbolos culturais do nosso povo.
285. — É necessário levar as Universidades católicas a oferecerem formação do melhor nível humano, acadêmico e profissional em comunicação social. Nos seminários e casas de formação religiosa, ensinar-se-ão as linguagens e técnicas de comunicação que garantam uma preparação sistemática suficiente.

Hoje é imprescindível usar a informática para otimizar nossos recursos evangelizadores. Deve-se avançar na instalação da rede de informática da Igreja nas diferentes conferências episcopais.

286. — Que as editoras católicas ajam coordenadamente dentro da pastoral orgânica.

TERCEIRA PARTE

Jesus Cristo, vida e esperança da América Latina e do Caribe

Linhas pastorais prioritárias

287. De nossas Igrejas particulares viemos até Santo Domingo. Éramos portadores das "alegrias e das esperanças, das tristezas e das angústias" (GS 1) dos nossos povos. Acompanharam-nos os anseios de vida e esperança para o continente.

Nosso encontro com o Santo Padre nos confirmou na fé, na esperança e no amor ao Senhor e à Igreja. A companhia espiritual de tantos irmãos que oraram por nós e nos ofereceram seu apoio nos deu fortaleza.

A celebração diária da Eucaristia, a meditação da Palavra de Deus e o trabalho comum, realizado com a confiança depositada no Senhor, permitiram-nos uma autêntica experiência da presença de "Jesus no meio de nós" (Mt 18,20) e na ação do Espírito.

"Jesus Cristo, o mesmo ontem, hoje e sempre" fez-nos sentir que ele faz de nós "criaturas novas" (2Cor 5,17); que nos dá "vida abundante" (Jo 10,10); que nos promete "vida eterna" (Jo 6,54). Ele é "nossa esperança" (1Tm 1,1).

Agora regressaremos aos diferentes campos do nosso ministério. Anunciaremos o Evangelho da vida. Continuaremos dando "razão dessa mesma esperança" (1Pd 3,15) a cada uma das pessoas que o Senhor colocar em nossos caminhos.

288. Ao finalizar nossas reflexões, com o coração agradecido a Deus, voltamos nosso olhar ao trabalho realizado para identificar as principais linhas pastorais que encontramos e para continuar caminhando guiados pelos três temas que o Santo Padre nos convidou a estudar, aprofundar e aplicar, a partir desta IV Conferência.

Revendo nosso caminho, proclamamos com novo ardor nossa fé em Jesus Cristo, filho de Deus vivo, única razão da nossa vida e fonte da nossa missão. Ele é o caminho, a verdade e a vida. Ele nos dá a vida que desejamos comunicar plenamente a nossos povos, para que tenham todos um espírito de solidariedade, reconciliação e esperança.

289. Fazemos esta profissão de fé sob a proteção de Nossa Senhora de Guadalupe, padroeira da América Latina, que esteve conosco neste encontro episcopal e que nos acompanha sempre na missão que o Senhor nos confia.

290. Renovamos nossa intenção de levar adiante as orientações pastorais do Concílio Vaticano II, aplicados nas Conferências Gerais do Episcopado Latino-americano celebradas em Medellín e em Puebla, atualizando-as através das linhas pastorais traçadas na presente conferência.

291. Os três temas propostos pelo Santo Padre constituem para nós as três grandes linhas pastorais que assumimos para nossas Igrejas. Cada Igreja particular e cada Conferência episcopal poderão encontrar, nas orientações de Santo Domingo, os desafios e as linhas pastorais que mais respondam a suas exigências concretas.

292. Em nome de nossas Igrejas particulares da América Latina e do Caribe, comprometemo-nos a trabalhar em:

1. Uma nova evangelização dos nossos povos.
2. Uma promoção integral dos povos latino-americanos e caribenhos.
3. Uma evangelização inculturada.

— Neste sentido, ressaltamos os elementos que durante a Conferência foram indicados com ênfase e aprovados para impulsionar e concretizar as três linhas pastorais principais.

1. UMA NOVA EVANGELIZAÇÃO DOS NOVOS POVOS

293. 1.1. *O compromisso é de todos a partir de comunidades vivas*. Um especial protagonismo corresponde aos leigos em continuidade com as orientações da exortação apostólica *Christifideles Laici*. Entre eles, seguindo o convite constante do Papa, convocamos mais uma vez os jovens para que sejam força renovadora da Igreja e esperança do mundo.

A fim de suscitar presbíteros, diáconos permanentes, religiosos, religiosas e membros dos institutos seculares para a nova evangelização, impulsionaremos uma vigorosa pastoral das vocações.

294. 1.2. *Somos todos chamados à santidade* (cf. LG 39-42). Numa Igreja, comunidade missionária, urge para nós um decidido empenho pela contínua educação da fé, por meio da catequese, que tem seu fundamento na Palavra de Deus e no Magistério da Igreja, e permite aos católicos dar razão de sua esperança em toda ocasião, em face das seitas e dos novos movimentos religiosos.

A celebração da fé na liturgia, cume da vida da Igreja, há de realizar-se com alegria e de forma a permitir uma participação mais viva, ativa e comprometida na realidade dos nossos povos.

295. 1.3. *É a hora missionária da América*. Dirigimos a todos um anúncio forte e entusiasta para a Evangelização, não só no seio de nossas Igrejas, mas para além de nossas fronteiras. Esta será a resposta segundo o exemplo dos missionários que de outras partes chegaram à América para nos comunicar sua fé, e será também fonte de generosidade para nossos jovens e bênção para nossas Igrejas.

2. PROMOÇÃO HUMANA INTEGRAL
DOS POVOS LATINO-AMERICANOS E CARIBENHOS

296. 2.1. *Fazemos nosso o clamor dos pobres*. Assumimos com renovado ardor a opção evangélica preferencial pelos pobres, em conti-

nuidade com Medellín e Puebla. Esta opção, não exclusiva nem excludente, iluminará, à imitação de Jesus Cristo, toda nossa ação evangelizadora.

A essa luz, convidamos a promover uma nova ordem econômica, social e política, conforme a dignidade de todas e cada uma das pessoas, implantando a justiça e a solidariedade e abrindo para todas elas horizontes de eternidade.

297. 2.2. *Dizemos sim à vida e à família*. Diante das graves agressões à vida e à família, agravadas nos últimos anos, propomos uma decidida ação para defender e promover a vida e a família, Igreja doméstica e santuário da vida, desde sua concepção até o final natural de sua etapa temporal. Toda vida humana é sagrada.

3. Uma evangelização inculturada

É o terceiro compromisso que assumimos na perspectiva de novos métodos e expressões para viver hoje a mensagem evangélica.

298. 3.1. *As grandes cidades da América Latina e do Caribe*, com os seus múltiplos problemas, têm-nos interpelado. Atenderemos à evangelização desses centros onde vive a maior parte da nossa população. Nossa solicitude dirigir-se-á também às áreas rurais; nelas já se sente o impacto das mudanças culturais.

299. 3.2. *Queremos aproximar-nos dos povos indígenas e afro-americanos*, a fim de que o Evangelho encarnado em suas culturas manifeste toda a sua vitalidade e entrem eles em diálogo de comunhão com as demais comunidades cristãs para mútuo enriquecimento.

300. 3.3. *Buscaremos também impulsionar uma eficaz ação educativa* e um decidido empenho por uma moderna comunicação.

301. Colocamo-nos sob a ação do Espírito Santo, que desde Pentecostes conduz a Igreja no amor. Ele nos concedeu a graça do Concílio Vaticano II e de nossas conferências gerais do Rio de Janeiro, Medellín e Puebla.

Estamos certos de que não nos há de faltar seu auxílio para continuarmos, a partir de Santo Domingo, mais unidos entre nós sob a orientação e guia do Santo Padre, sucessor de Pedro e, apesar de nossas limitações, a impulsionar com entusiasmo na América Latina e Caribe o anúncio de Jesus Cristo e do seu Reino.

302. A Igreja na América Latina e Caribe proclamam sua fé:

"Jesus Cristo: ontem, hoje e sempre"
(cf. Hb 13,8)
Nossas Igrejas particulares,
unidas na esperança e no amor,
sob a proteção de Nossa Senhora de Guadalupe,
em comunhão com o Santo Padre
e em continuidade com as orientações pastorais
das conferências gerais de Medellín e Puebla,
comprometem-se a trabalhar em:

1. Uma nova evangelização de nossos povos

— À qual TODOS estão chamados

— Com ênfase na PASTORAL VOCACIONAL com especial protagonismo dos LEIGOS e, entre eles, dos JOVENS

— mediante a educação contínua da fé e sua celebração: a CATEQUESE e a LITURGIA

— Para além de nossas próprias fronteiras: AMÉRICA LATINA MISSIONÁRIA.

2. Uma promoção integral do povo latino-americano e caribenho

— A partir de uma evangélica e renovada opção pelos POBRES

— A serviço da VIDA e da FAMÍLIA

3. Uma evangelização inculturada

— Que penetre os ambientes marcados pela CULTURA URBANA

— Que se encarne nas CULTURAS INDÍGENAS e AFRO-AMERICANAS

— Com uma eficaz AÇÃO EDUCATIVA e uma MODERNA COMUNICAÇÃO.

303. ORAÇÃO

Senhor Jesus Cristo, Filho de Deus vivo,
bom Pastor e Irmão nosso,
nossa única opção é por ti.
Unidos no amor e na esperança,
sob a proteção de Nossa Senhora de Guadalupe,
Estrela da Evangelização, pedimos o teu Espírito.
Dá-nos a graça,
em continuidade com Medellín e Puebla,
de nos empenhar numa nova evangelização,
à qual todos somos chamados,
com o especial protagonismo dos leigos,
particularmente dos jovens,
comprometendo-nos numa educação contínua da fé,
celebrando teu louvor,
e anunciando-te para além das nossas próprias fronteiras,
numa Igreja decididamente missionária.
Aumenta nossas vocações para que não faltem
operários na tua messe.
Anima-nos a nos comprometer
numa promoção integral
do povo latino-americano e caribenho,
a partir de uma evangélica e renovada
opção preferencial pelos pobres
e a serviço da vida e da família.
Ajuda-nos a trabalhar
por uma evangelização inculturada
que penetre os ambientes de nossas cidades,
que se encarne nas culturas indígenas e afro-americanas
por meio de uma eficaz ação educativa
e de uma moderna comunicação. Amém.

Índice temático

ABANDONADOS: testemunho dos religiosos 85.

ABISMO ENTRE RICOS E POBRES: 199.

ABORTO: mal na América Latina 9; afeta a dignidade da mulher 110; sua relação com a anticoncepção 215; anticoncepcionais abortivos 219; causa milhões de vítimas 219; condená-lo e rejeitá-lo 223; ação contra a vida 234.

ABUSOS: contra os índios 20; sexuais 112.

AÇÃO CATÓLICA: 102.

AÇÕES DO ESPÍRITO SANTO: santificadora e unificante 70; no interior das culturas 243.

AÇÕES PASTORAIS: para colocar o Evangelho em diálogo com a cultura 24; fundamentadas numa vida santa 31; próprias das culturas da América Latina 53; na educação 330; presença da mulher 90.

ADIVINHAÇÃO: 155.

ADOLESCÊNCIA: de Jesus 111; seu amadurecimento afetivo 112; presença de vocações 82; sua reação diante do consumismo e da dor 112; sua formação na fé 115; um espaço de participação para eles 119; também a eles se dirige a pastoral da juventude 119; apresentar-lhes Jesus de maneira atraente 119; seu processo educativo 120; é numerosa na América Latina 221.

AFRICANOS: escravos na América Latina e no Caribe 20; arrancados violentamente de suas terras 246.

AFRO-AMERICANOS: vocações 80; denunciar as violações de sua dignidade 107; favorecer o que lhes proporcione uma vida digna 110; objeto da pastoral da juventude 119; religiões 137; violação de seus direitos 167; não tiveram acesso à terra 174; pertencem à América Latina, continente multiétnico 244; a Igreja reconhece seus valores 249; cuidado pastoral 249.

AGENTES DE PASTORAL: necessários à nova evangelização 49; insuficientes nas dioceses 56; promover seu aumento e formação 57, 128; os leigos são os chamados a sê-lo 94; mentalidade clerical 96; conhecimento do judaísmo e do islamismo 138; conhecimento das outras religiões 138; formação técnica, doutrinária e moral 284.

AIDS: 235.

ALCOOLISMO: 112.

ALIANÇA: renovação na América Latina 16; com os religiosos e missionários 85; a primeira foi a Criação 169.

AMBIENTE SOCIOCULTURAL: 98.

AMÉRICA LATINA E CARIBE: forças de morte na América Latina 9; novo ardor evangélico 12; evangelização na América Latina 13; Maria, mãe da América Latina15; povo escolhido por Deus 16; chegada da fé 16; valores presentes 17; mestiçagem na América Latina 18; compromisso da Igreja 22; sua situação delicada e difícil 22, 23, 179; primeira evangelização 24; homens novos na América Latina 32; seus bispos 33; batizados que não aderiram ao Evangelho 33; vida monástica e contemplativa 37; desafios para a Igreja 38; sinais e ações próprias dessas culturas 53; comunhão 76; religiosos 85; serviço missionário para sua evangelização 91; desafios aos religiosos 91; ministérios conferidos aos leigos 101; movimentos com identidade própria 102; presença da mulher na sua evangelização 109; todos os povos irmanados entre si 121; presença de níveis escandalosos de pobreza 122; incoerência de alguns batizados 13; presença de seitas fundamentalistas 140; política predominante 179; esforços para transformação de sua realidade 179; conseqüências da nova ordem internacional 194; associação de nações 205; população infantil crescente 221; fidelidade a Jesus Cristo 232; continente multiétnico e pluricultural 244; marcada pela cultura ocidental 252; processo de urbanização 255; proclamação da fé 202.

AMOR: expressão da fé em Cristo 23; presente nas CEBs 61; o Espírito Santo nos torna capazes de amar 121; presente no matrimônio 213.

AMOR DE DEUS: manifestado em Jesus Cristo 4; dirigido aos pobres e necessitados 4; fonte da existência sacerdotal 70.

ANALFABETISMO: 267.

ANCIÃOS: seu abandono é um dos males da América Latina 9; vida indigna 176; proteção a instituições que velam por eles 180; são considerados inúteis 219.

ANIMADORES: nas CEBs 61; em comunhão com o pároco e bispos 63; animação missionária 128, 101.

ANTICONCEPCIONAIS: relação com o aborto 215; distribuição maciça 219.

ANTINATALISMO: 254.

ANTIVALORES: 256.

ANTROPOLOGIA CRISTÃ: que dê sentido à potencialidade humana 152; como abertura do homem para Deus 264.

ANÚNCIO CRISTÃO: extensão a todo o mundo 2; da Boa-Nova 4; objetivo 13; unidade com a denúncia 20; por gestos e palavras 27; a ressurreição, raiz da evangelização

24; fazê-lo com entusiasmo 28; confiança no anúncio salvador de Jesus 29; fazê-lo com alegria 33; do ser verdadeiro da mulher 107, 108.

APÓSTOLOS: neles se derramou o Espírito Santo 7; sua tarefa e testemunho 33; presentes nas CEBs 61; mandato de Cristo a eles 23.

ARTE: mestiça 18; não se guia por critérios evangélicos 96; escassa presença eclesial nesse setor 253.

ASSASSINATOS: violação dos direitos humanos 167.

ASSOCIAÇÕES DE APOSTOLADO: nasceram por impulso do Espírito Santo 102; legitimidade 102; podem fechar-se sobre si mesmas 102.

ATEÍSMO: 21.

AUMENTO DO NÚMERO DE FIÉIS: 2.

AUTODESENVOLVIMENTO: 251.

BATISMO: entrada no Reino de Deus 5; renova a dignidade humana 13; nele se recebe a santidade 37; a conversão é a renovação do batismo 46; dimensão contemplativa 47; constitui-nos Povo de Deus 65; conseqüência 94; os batizados não tomaram consciência de pertencer à Igreja 96, 97, 130, 26, 33; ministérios conferidos aos leigos no batismo 101; nele recebemos a filiação divina 121; assumi-lo numa perspectiva missionária 131; filhos de batizados 131; adesão radical a Cristo 229; nascimento para uma vida nova 131.

BEM-AVENTURANÇAS: adesão ao seu anúncio 5; vividas por homens novos na América Latina e Caribe 32; vida moral 239.

BÍBLIA: 38, 49, 108, 135.

BISPOS: presidem às Igrejas particulares 11; atitude profética de denúncia durante a conquista 20; sujeito da nova evangelização 25; principal ofício 33; na unidade da Igreja local 55; representado pelo pároco 58; comunhão das CEBs com ele 61, 63, 64; essencial para a ação da Igreja 67; formação permanente 69, 73; promovem as vocações 128; relação e comunhão dos religiosos com ele 91, 93.

BOA-NOVA: proclamada por Jesus 4; anunciada aos pobres 4; celebração de sua implantação na América Latina 16; credibilidade para acolhê-la 28; Jesus nos pede para proclamá-la 30; na situação histórica da América Latina 33; os leigos são chamados a proclamá-la 94.

BUDISMO: 147.

CAMPONESES: dignificar-lhes a vida 110; pastoral da juventude a eles dirigida 119; violências contra seus direitos 167; situação 172; causas de suas condições de vida 174; alternativas para que não abandonem suas terras 189.

CARIDADE: pastoral, pressuposto da nova evangelização 28; componente do culto cristão 34; na santidade 37; manifesta-se nos sacramentos 45; no compromisso sacerdotal 72; na ação pastoral da mulher consagrada 90; vinculada à evangelização 157.

CARISMAS: provenientes do Espírito Santo para a nova evangelização 23; integração na nova evangelização 57; conferidos por Jesus para proveito comum 65; a serviço da pastoral orgânica 64; mantê-los vivos nas comunidades religiosas 91; para fomentar a criatividade 101; próprios das ordens e congregações religiosas 275.

CASAS DE FORMAÇÃO: carência de programas de formação missionária 127; ensino de linguagens técnicas de comunicação 285.

CATECISMOS: 49.

CATEQUESE: como meio pastoral 19; como ministério profético da Igreja 33; importância 41; querigmática e missionária 49; da confirmação em relação com a vocação 80; colaboração dos leigos 101; finalidade 142; dos migrantes 189; familiar 225; apresenta o comportamento cristão como autêntico seguimento de Cristo 239; continua a educação da fé 130; meio para a educação contínua da fé 302.

CATEQUISTAS: afro-americanos 19; seu esforço e sacrifício 41; conhecimento sólido da Bíblia 18.

CATOLICISMO IBÉRICO: 18.

CATÓLICOS: freqüentemente desconhecem as verdades sobre Jesus 39; alguns não se sentem Igreja 96.

CELAM: competência 69; cursos de capacitação 84; seção de ecumenismo 135; encontros e cursos sobre evangelização nas grandes metrópoles 262.

CELEBRAÇÃO DA FÉ: instrumento de evangelização 19; uma das finalidades da liturgia 35; presente na preocupação pastoral 36; expressa o compromisso com o Senhor 43; presença de Cristo 51; realizada na comunidade, atualiza os acontecimentos da vida de Jesus 52; missão da paróquia 58; na cultura dos jovens 117; adaptá-las às culturas 151; deve chegar à vida dos homens 156.

CÉU E TERRA NOVOS: 14.

CHAMADO: a entrar no Reino 4; à conversão 24, 32; a viver como comunidade de fé 61; aos ministros ordenados 67; à santidade 78; ao serviço sacerdotal 79; à tarefa evangelizadora 94; a viver o mistério sacerdotal, profético e real 94; a ser protagonista da nova evangelização 97.

CIDADE: pós-industrial 255; relação com a natureza 255; estruturas pastorais da Igreja urbana 257; interpela a evangelização 298.

CIÊNCIA: contribui para a cultura 29; marca de grupos e populações 26; não é guiada por critérios evangélicos 96.

CIENTISTAS: colaboração com o Magistério 226; racionalidade científico-técnica 255.

CIVILIZAÇÃO DO AMOR: 61, 120.

CLERICALISMO: 43.

CLIENTELISMO: 192.

COERÊNCIA ENTRE FÉ E VIDA: 44, 48.

COLEGIALIDADE EPISCOPAL: 68.

COLÔNIA: 20.

COMISSÕES: nacionais do clero 73; episcopais de comunicação 283.

COMLAS: Congressos Missionários Latino-americanos 125.

COMPROMISSO: missionário da Igreja 23, 27, 292, 302; com a promoção humana 35, 157; pessoal e comunitário com o Senhor 43; do sacerdote com a nova evangelização 72; fundamento da pastoral vocacional 80; dos religiosos na Igreja particular 92; não assumido por alguns católicos 96; dos leigos na nova evangelização 98, 103; entre os jovens 115; na vida cotidiana 118; com a justiça e a paz 242; no campo educativo 271; de todos os fiéis 293.

COMUNHÃO: do homem com Deus 5; de todos os seres com Deus 5; entre os cristãos 6; da fé apostólica 8; entre sacerdotes e bispos 11; vivida no céu 14; vivida em pequenas comunidades 48; experimentada em comunidades do continente 54; vivida na Igreja particular 55; urgência em promovê-la 56; animada e orientada pela paróquia 58; de animadores com o pároco e o bispo 61; busca sincera nas comunidades 62; dos agentes de pastoral com os párocos 63; dos bispos com o Papa 67; entre os pastores 68; entre os ministros ordenados 69; serviço dos pastores 74; na América Latina 76; dos religiosos com os bispos 93; dos conselhos de leigos 98; caracteriza a Igreja universal 143; falta entre as Igrejas particulares 208; com organizações internacionais 283.

COMUNICAÇÃO: anúncio do Reino de Deus 279; do Pai por intermédio do Filho 279; fundamenta a relação entre evangelização e promoção humana 279; de massa, comunitária e grupal: políticas e estratégicas 282; modernização 300; ajuda para a nova evangelização 302.

COMUNICAÇÃO CRISTÃ DE BENS: 102.

COMUNIDADE CRISTÃ: constrói-se com o anúncio cristão 13; formá-la é o objetivo da nova evangelização 26; lugar em que se lê a Palavra de Deus 33; oração e missão apostólica 47; meio para viver a fé numa perspectiva missionária 48; reflexo da Igreja viva e dinâmica 54; célula da vida cristã 55; facilitar sua integração 57; servida pela presença sacerdotal 74, 75; dá testemunho para a conversão dos não-cristãos 156.

COMUNIDADES ECLESIAIS DE BASE: relação com a paróquia 58; chamadas a viver como comunidades de fé, culto e amor 61; projeção e dinamismo apostólico

61; podem se tornar vítimas de manipulação 62; atuação dos leigos nas CEBs 95; atuação da mulher 106, 108; lugar mais indicado para falar da família 210; é necessário multiplicá-las 259.

CONCÍLIO VATICANO II: nova evangelização coerente com ele 30; iniciou a renovação litúrgica 43; fidelidade que lhe é devida 43; sua eclesiologia 57; promoveu a renovação da vida religiosa 85; dimensão comunitária do ministério sacerdotal 68; associações de apostolado 102.

CONFERÊNCIAS EPISCOPAIS: rever e redimensionar as estruturas eclesiais 69; encontrarão nesse documento desafios e linhas pastorais 291.

CONFIRMAÇÃO: experiência da graça do Espírito 46; raiz dos ministérios conferidos aos leigos 101; dar importância especial a esse sacramento 115; assumiria forma missionária 131; oportunidade para apresentar a novidade de Jesus Cristo 131.

CONQUISTA E COLONIZAÇÃO: 20.

CONQUISTADORES: 20.

CONSAGRAÇÃO: dos ministros para o serviço dos mais pobres 67; Maria, modelo de vida dos consagrados 85; dos institutos seculares 87; das virgens 89.

CONSCIÊNCIA: na conversão da Igreja 30; cultivo da consciência moral 156; deformada no crescente desajuste ético-moral 232; formá-la 237.

CONSELHOS: evangélicos 37; presbiterais 73, 69; pastorais 98; de leigos 98.

CONSUMISMO: causas 44; reação dos jovens e adolescentes 112; propalado pelos meios de comunicação 199; traço característico do homem urbano atual 254.

CONTEMPLAÇÃO: 37, incluí-la nos planos pastorais 144.

CONVERSÃO: exigência para entrar no Reino de Deus 5; livra das forças de morte 9; processo contínuo da Igreja 23; chamado da nova evangelização 24; exigência da nova evangelização 30; chamado aos membros da Igreja 32; conversão primeira 33; obra do Espírito Santo 40; fruto do anúncio de Jesus 46; relação com a formação permanente 72; nas seitas 147; ação da mensagem evangélica 157; desafio que brota da descoberta dos pobres e sofredores 178.

CORPO E SANGUE DE CRISTO: 6.

CORRUPÇÃO: mal presente na América Latina 9; causa de deterioração de certos países 192; característica dos anos 1980 198; os leigos influem para eliminá-la 203; generalizou-se 233.

CRIAÇÃO: transformada por Jesus Cristo 14; relação com o plano da redenção 157; obra da Palavra do Senhor 169; primeiro dom do amor de Deus 171.

CRIANÇAS: concebidas e não nascidas 215; proporção crescente na população do continente 221.

CRIATIVIDADE: na apresentação do Evangelho 29; no estabelecimento dos ministérios e serviços 101; a ser fomentada nas celebrações da fé 117.

CRISE: social 149; ecológica 169; dos sistemas econômicos 199; da família 214, 267; da cultura 230.

CRISTÃOS: peregrinos na terra 6; alma de todos os ambientes da vida social 9; presença em tudo que é humano 29; chamados à santidade 99; missão 131; cristãos separados 134; responsabilidade pelo desenvolvimento 169; de sua consciência 231.

CRISTIANISMO: desafios e interpelações 24; implicação da nova evangelização 24.

CRISTO: comunica-nos sua vida 7; guia, esperança e luz do homem 8; adquiriu a Igreja com seu sangue 11; unido a todos os homens 13; levará o Reino de Deus à sua plenitude 14; expresso no amor fraterno 23; riqueza nele presente 24; dá sentido a tudo 27; riqueza inesgotável 30; Boa-Nova para nossos povos 37; papel profético 33; presente na liturgia 34; introduz-nos no mistério trinitário 121; mestre de moral 154; aperfeiçoa a igualdade entre os homens 164; atualização do seu ministério salvífico 66; cabeça da Igreja 74; fundamento da espiritualidade dos diáconos 77; chama os fiéis leigos 94; plenitude dos tempos 104; revela o Pai 121; modelo de comunicador 279.

CRUZ DE CRISTO: presente no continente americano 2; nos habitantes da América Latina 3; relação com o seguimento 10; o Espírito Santo faz-nos valorizá-la 40.

CULTO: mariano 19; expressa a glorificação e a redenção 34; realizado nas CEBs 61; com facetas orientais 147; terapêuticos 147.

CULTURA: impregnada pelo Evangelho 1; convidada a deixar-se levar à plenitude 13; identifica-se com Maria 15; da América e seu encontro com a Ibérica 18; em seu núcleo está presente o Evangelho 21; da imagem 29; meios para chegar a ela 29; urbana e adveniente, indígena e afro-americana 30; tarefa dos teólogos 33; invadida pelo secularismo, hedonismo e consumismo 44; de reconciliação e solidariedade 77, 18, 204; vocações dela provenientes 80; indígena e afro-americana 84, 246, 302; leigos que sobressaem 99; informada pela força da ressurreição 103; seu nascimento 228; consenso de todos com a cultura reinante 236; mestiça 247; marcada pela ocidental 252; moderna 252-254; emergente 268.

CULTURA CRISTÃ: elementos que a compõem 22, 24; fundamentada na ressurreição 24; alimentada pela santidade 31, 33; renovação espiritual 45; protagonizada pelos leigos 97; fé que se torna cultura 229.

CULTURA DA MORTE: características 9, 26; desafio 219; 235.

CURAS: 147, 149.

DEFICIENTES: 180.

DÉFICIT FISCAL: 198.

DEGRADAÇÃO: 187.

DEMAGOGIA: 233.

DEMOCRACIA: os militares estão a seu serviço 99; apreciada pela Igreja 190, 191; seus valores 193; saná-la e aperfeiçoá-la 193; educação nos seus valores 193, 253.

DENÚNCIA DAS INJUSTIÇAS: práticas proféticas 19, 20; diante da pastoral social 200; da economia de mercado 202.

DEPENDÊNCIA CIENTÍFICO-TECNOLÓGICA: 199.

DEPORTAÇÃO DE PESSOAS SEM DOCUMENTOS: 187.

DESCENTRALIZAÇÃO: administrativa, econômica e educacional 203.

DESENVOLVIMENTO: promovido pela evangelização 13; na promoção humana 157; papel da mensagem evangélica 157; induzido a partir de fora 251; em matéria de comunicação 280.

DEUS: escolheu um novo povo na América Latina 2; seu amor pelo homem 27; espera frutos de santidade de sua Igreja 31; seu amor pelos jovens 118; Pai, rico em misericórdia 129; Senhor e criador 171; Senhor da vida 215, 223.

DEVOÇÃO: a Maria na pastoral vocacional 80; à Eucaristia 143.

DIA DO SENHOR: 43, 51.

DIÁCONOS PERMANENTES: sujeito da nova evangelização 25; em comunhão com os presbíteros 67; sua formação permanente 69; pastoral a eles dirigida 75; sua importância a serviço da comunhão na América Latina 76; serviço que prestam no continente 76; reconhecimento 77; acompanhamento em seu discernimento 77; espiritualidade 77; dupla sacramentalidade dos casados 77; colaboração que prestam à animação dos serviços da Igreja 77.

DIÁLOGO: entre Evangelho e cultura 22; com a modernidade e o pós-moderno 24; entre os teólogos e pastores 33; entre os pastores e conselhos de leigos 98; entre homem e mulher 109; teológico ecumênico 135; com as religiões não-cristãs 137, 138; com as religiões afro-americanas e indígenas 138; criado pela crise ecológica 169; com o Norte 170; com os indígenas 248; entre fé e consciência 254; com os responsáveis da comunicação 281.

DIGNIDADE DA MULHER: igual ao homem 104, 105; negada por alguns setores 105, 106; denunciar as violências contra elas 107, 110; seu reconhecimento por parte de sacerdotes e dirigentes leigos 108; programas educativos que atentam contra ela 109.

DIGNIDADE DA PESSOA HUMANA: mede-se por Jesus Cristo 8; dada pelo próprio vigor do anúncio cristão 13; defendida pelos grandes evangelizadores 20; brota da acolhida ao Espírito Santo 24; restaurada por Jesus Cristo para o homem contemporâneo 27; no magistério social 157; motiva a ação de Jesus 159; não se perdeu com o pecado 159; provém da criação do homem à imagem de Deus 164; atualmente deteriorada 235; nas universidades 268; é favorecida pela educação 271.

DINAMISMO PASTORAL: 60, 61, 90.

DIOCESE: carecem de agentes pastorais em número suficiente 56; as CEBs devem-se integrar nelas 63; unirem-se a elas os religiosos 68; pastoral orgânica 80; destinação de seus recursos pessoais e materiais 114.

DIREÇÃO ESPIRITUAL: necessária aos leigos 42; prolonga o sacramento da reconciliação 46; fundamenta a pastoral vocacional 80; nos seminários 83; para o discernimento de problemas vitais 151.

DIREITOS: exigência da evangelização 13; defendidos pelos evangelizadores 131; da Igreja 69; da mulher 105; sua violação 167; aos bens da criação 171; do trabalhador 184; da criança 227; à terra 251; inviolabilidade do direito à vida 268; à formação religiosa 272.

DIREITOS HUMANOS: papel dos teólogos em sua defesa 33; proclamados pela Igreja e garantidos por Cristo 164, 165; progressiva tomada de consciência 167; sua promoção 168; dos indígenas e afro-americanos 251; impedimentos ao seu exercício 253.

DISCERNIMENTO: dos problemas à luz da fé 151; nos diáconos permanentes 77; nos jovens e adolescentes 80, 82.

DISCRIMINAÇÃO: superá-la à luz do Evangelho 168; conseqüência da migração 187; na Igreja 246.

DÍVIDA EXTERNA: 178, 197, 198.

DIVISÕES: nas Igrejas particulares 68; entre cristãos 133.

DIVÓRCIO: excluído do plano de Deus 211; cada vez mais numeroso 216.

DOENTES: 131, 180, 235.

DOUTRINA SOCIAL DA IGREJA: parte necessária da pregação 50; a serviço da nova evangelização 76; conceito 158; tem por objeto a promoção humana 162; ideologias incompatíveis 168; divulgá-la e colocá-la em prática 200; sua contribuição para a educação 271.

ECOLOGIA: defesa do equilíbrio ecológico 138; corte de florestas 169; relação com o crescimento econômico 169.

ECONOMIA: o homem não lhe está sujeito 27; não é guiada por critérios evangélicos 96; solidária 102; modelo econômico neoliberal 181; de mercado 195; ajustes econômicos 196; estatal 198; informal 199; de livre mercado 200; de participação 201; estabilidade e descentralização 203; planetária 207.

ECUMENISMO: 133, 135.

EDITORAS CATÓLICAS: 286.

EDUCAÇÃO: meio pastoral da primeira evangelização 19; objetivo pastoral imediato 99; nova linguagem e símbolos 109; não corresponde às exigências dos jovens 112; experiência participativa e transformadora 119; para ver Deus na história 156; carência dos serviços educativos 218; dos indígenas e afro-americanos 251; católica 266; exclusão de muitas pessoas 267; seus desafios 269, 270; linhas pastorais 271, 272, 274, 276, 277; orientação 284; da fé 294, 302.

EGOÍSMO: 5, 199.

EMPREGADAS DOMÉSTICAS: 110.

ENCARNAÇÃO: do Evangelho no mundo de hoje 60; do Verbo 30; e presença cristã no contexto sociocultural 243.

ENCONTRO: do catolicismo com a cultura ibérica 18; dos fiéis com Cristo 29; de espiritualidade sacerdotal 71; dos episcopados da América Latina 209.

ESCRAVOS: 20, 246.

ESOTERISMO: 147.

ESPERANÇA: 23, 24, 37, 58, 74, 83, 104, 107.

ESPIRITISMO: 147, 155.

ESPÍRITO MISSIONÁRIO: 56, 63.

ESPÍRITO SANTO: impulsiona a nova evangelização 1; unge Jesus Cristo 4; ressuscita-o 7; conduz aos filhos de Deus 10; congrega os fiéis e pastores 11; infundido nos povos da América Latina 16; esperado nas culturas pré-colombianas 17; inspira a obra evangelizadora 19; a nova evangelização parte de sua força 23; faz arder o coração da Igreja 32; prega-se pouco a respeito 40; é recebido no batismo e na confirmação 46; convoca, une e envia 55; anima a dignidade 58; promove o nascimento de associações de leigos 102; penetra e transforma os povos 229; sua ação a partir de Pentecostes 301.

ESPIRITUALIDADE: renovada 45; sacerdotal 70; dos diáconos permanentes 77; dos fiéis leigos 95, 98, 99; de seguimento 116; da equipe missionária 128; que recupere o senso de Deus 169.

ESTERILIZAÇÃO: 110, 219, 223.

ESTRUTURAS: a serviço da comunidade 69; eclesial 98; econômicas injustas 163; e métodos pastorais 180; e sua organização intra-eclesial 209; de pecado 243.

ESTUDANTES: 119.

ÉTICA: na sociedade secular e indiferente 154; relação com o desenvolvimento 169; desajuste ético-moral 232; civil ou da cidadania 236; cristã 242; vício ético 243.

EUCARISTIA: sacramento do amor de Cristo 6; congrega fiéis e pastores 11; expressão do compromisso 43; fonte da unidade da Igreja particular 55; fundamento da pastoral vocacional 80; vivência da unidade 123; expressão da unidade da Igreja 143; enriquece-se com a catequese 225.

EUTANÁSIA: 219, 223, 234.

EVANGELHO: proclamá-lo sem equívocos 13; vivê-lo em plenitude 21; fonte de vida e esperança 23; um só e único 24; em diálogo com a modernidade e o pós-moderno 24; que chegue a todos 29; apresentá-lo às novas realidades culturais 30, 60; os religiosos lhe manifestam a força 85, 91; transformador da sociedade 98; luz e esperança 107.

EVANGELIZAÇÃO: razão de ser da Igreja 12; promove o desenvolvimento integral do homem 13; exemplo do beato Juan Diego 15; inspirada pelo Espírito Santo 19; a primeira na América Latina 16, 24; mandato de Jesus Cristo 22, 23; conceito, segundo João Paulo II 27; de onde provém sua força 27; deve mostrar as exigências de Jesus 48; a partir da experiência de Deus 91; compromisso dos leigos 98; papel de Maria e da mulher 104; adaptada às culturas 151, 229, 248, 253; em relação à promoção humana 157, 279; meta 143; desafios 252; preparação para ela 262; é anúncio do Reino 279; compromisso de Santo Domingo 192, 197; das grandes cidades 398, 302.

EVANGELIZADORES: alguns não reconhecem os valores das culturas pré-colombianas 17; proclamam os direitos e a dignidade dos aborígenes 20; os melhores são os santos 28; religiosos 85; os leigos são chamados seriamente 94.

FAMÍLIA: ataques contra ela 9, 297; missão 64, 101, 193, 214; papel da mulher 106, 109; primeira escola 200; nelas se forja o futuro da humanidade 210; Igreja doméstica 210, 214; rural e urbana 210; instituição de origem divina 211; o lar de Nazaré serve de modelo 213; identidade 214; promotora do desenvolvimento 214; crise 214; mudança em sua imagem tradicional 216; em situação de miséria 218; fortalece a vida da sociedade e da Igreja 225; primeiro espaço para o comprometimento social 268; a nova evangelização está a seu serviço 302.

FÉ: como chegou à América Latina 16; separada da vida 24, 96, 161; perdeu sentido 26; robusta e débil 35; relação com a santidade 37; na sociedade, ignorância 39, 102, 156, 160; crescimento nela 54, 115; compartilhada na missão aos pagãos 125; ilumina as realidades temporais 178; relação com a cultura 229, 230, 243.

FEMINILIDADE: 108.

FIDELIDADE: à Palavra 27, 28, 72; ao magistério 33; ao Senhor e aos homens e mulheres 67; no matrimônio 217.

FILOSOFIAS: 147, 253.

FORMAÇÃO: permanente dos ministros ordenados 69, 72, 73, 77, 240; sacerdotal e religiosa 83, 84, 127, 128, 133, 135; litúrgica 43, 51; dos fiéis leigos 44, 45, 57, 60, 61, 95, 96, 98, 99, 102, 103, 107, 115, 185, 237, 238; dos adolescentes 82; da consciência moral 242; dos educadores católicos 373; nas universidades 284.

FUNDAÇÃO *POPULORUM PROGRESSIO*: 251.

GNÓSTICOS: 147.

GRAÇA: nos liberta das forças da morte 9; sua relação com a salvação 12; salva por Jesus Cristo na Igreja 45; recebe-se no batismo 46; fonte do ministério sacerdotal 70; força para sustentar a consciência cristã 237.

GRUPOS: de oração 38; apostólicos 58, 98, 259; juvenis 120; missionários 125; de famílias e círculos bíblicos 142; intermediários 177.

GUERRA: 9, 219.

GUERRILHA: 219.

HEDONISMO: 44, 280.

HINDUÍSMO: 268.

HISTÓRIA: verdadeiramente humana 24; nela penetra Jesus Cristo 27; presença da iniquidade 76; assumida pelo homem 252.

HOMEM: criado bom, à imagem de Deus 9, 279; na nova evangelização 13; revelado por Jesus Cristo 13; livre e consciente de sua dignidade 24; sua formação é o objeto da nova evangelização 26; suas angústias e esperanças 58; não é um ser abstrato 157; não é nem dono nem árbitro de sua vida 215; urbano e rural 255; no projeto educativo 265; apto para dominar o mundo 266.

IDENTIDADE: dos povos latino-americanos 13, 18, 20, 85, 96, 150, 244, 281.

IDEOLOGIAS: 26, 62.

IDOLATRIA: 154.

IGNORÂNCIA: 39; da doutrina religiosa 41, 270.

IGREJA: missionária por natureza 12; realiza a nova evangelização 12, 22, 23; una, santa, católica e apostólica 11; presente, ao lado dos indígenas 20; proclamou as virtudes heróicas de homens latino-americanos 21; sinal de reconciliação 23; animada pelo Espírito Santo 28; mistério de unidade 31; comunidade santa 32; convocada pela Palavra 33; mistério profético 33; encontra sentido na convocação para a vida 34; mistério de comunhão 37, 123; seus desafios 38; nela se multiplicam os grupos apostólicos 38; Igreja local 51, 54, 55, 58, 68, 85, 92, 128; rica em ministérios 66; viva e operante mediante os sacramentos 67; necessita de sacerdotes modelares 72; animada pela mulher consagrada 90; formada, em sua maioria, por leigos 94; ação dos leigos nela 102, 103, 105; chamada a estar ao lado da vida 107; suas preocupações 131; promotora do diálogo 136; comunitária e participativa 142; acusações contra ela 146; em defesa dos direitos humanos 165; depositária e servidora do ministério de Jesus 182; respeita a autonomia da ordem temporal 190; papel protagônico na sociedade 190, 204; anuncia a Boa-Nova sobre a família 210; defende os valores dos povos 243; acompanhou os povos da América Latina desde o seu descobrimento 245, 249.

IGUALDADE: do homem e da mulher 104, 109; entre os seres humanos 164.

IMPUNIDADE: 233.

INCREDULIDADE: 153.

INCULTURAÇÃO: do Evangelho 13, 15, 24, 30, 33, 49, 53, 84, 87, 102, 128, 177, 224, 230, 243, 250, 253, 256; da liturgia 43, 248; da fé 55, 58; da Igreja 248.

INDEPENDÊNCIA: 204, 205.

INDIFERENTISMO: 102, 152, 153, 154, 167.

INDÍGENAS: sua contribuição para a obra evangelizadora 19; sua defesa e proteção 20; vocações 80; denúncia de violência contra eles 107, 248, 167, 174, 251; promoção das mulheres 109, 110; adolescentes e jovens 119; religiões não cristãs entre eles 137; concepção da terra 172; convivência com outros grupos étnicos 244; valores humanos e culturais 245, 248.

INDIVIDUALISMO: 253.

INFLAÇÃO: 178, 196, 198, 199.

INFORMÁTICA: 280.

INJUSTIÇA: como rompimento da solidariedade dos homens entre si 9; aumentou depois de Puebla 23; respostas da nova evangelização 72; é necessário combatê-la 157; em povos de fé cristã arraigada 161.

INSEGURANÇA: 187.

INSENSIBILIDADE SOCIAL E CETICISMO: 233.

INTEGRAÇÃO: de todos os membros do Povo de Deus 57; com a paróquia 63; dos diáconos com o presbítero diocesano 77; dos países 74; da América Latina 26.

INVASÃO DAS SEITAS: 26.

ISLAMISMO: 138, 147.

JESUS: perto dos marginalizados 4; identificado com o mistério do Reino 5; como evangelizador 33; seu encontro nos leva à conversão 46; devolve a dignidade à mulher 104; percorre as etapas da vida humana 111; suas ações 159.

JESUS CRISTO: por ele entramos no Reino 5; o Reino está presente nele 5; institui a eucaristia 6; verdadeiro Deus e verdadeiro homem 8; liberta-nos da morte 9;

oferece a salvação 12; convida à plenitude 13; a Igreja encontra nele sua fonte 31; dele brota a existência sacerdotal 70; é a medida de tudo que é humano 229; assume as condições do povo 243; paradigma de toda atitude pessoal 254; o mesmo ontem, hoje e sempre 287.

JOVENS: chamados pelo Senhor 79, 111; crescem na vivência de cada dia 81; missão 111; vítimas do empobrecimento 112; reação diante do consumismo 112; compromisso apostólico 115, 119; apresentar-lhes Jesus de forma atraente 119; críticos da ação da Igreja 130; poucas ou nenhuma possibilidade de trabalho 183; desafiam-nos a dar testemunho autêntico de pobreza evangélica 178; força renovadora e esperança da Igreja 293.

JUDAÍSMO: 134, 138.

JUSTIÇA: promovida pelo trabalho teológico 33; pela espiritualidade do seguimento de Jesus 116; necessidade de restaurá-la 157; promovê-la a partir dos valores evangélicos 168; relação com a ecologia 169, 171; economia e justiça distributiva 195; na integração latino-americana 209; à luz de Jesus Cristo 296.

LEIGOS: formação integral 42, 60, 99; participação na paróquia 59; responsabilidades 60; papel nas CEBs 61; compromisso na pastoral vocacional 80; colaboradores dos bispos e sacerdotes 91; maioria na Igreja 94; ministérios, serviços e funções 95; desatendidos pelos pastores 96; mentalidade clerical de alguns deles 96; protagonistas da nova evangelização 97, 103, 293, 302; missão e santificação 97; nos conselhos pastorais 98; na educação, política, cultura e trabalho 99; chamados à santidade 99; ministérios conferidos a eles 101; atividade nos movimentos apostólicos 102; influência na vida social 176; atuação política 193, 203; missão profética, sacerdotal e real 254.

LIBERDADE: provém da verdade 32; os militares estão a seu serviço 99; de associação dos leigos 100; falsas respostas dos movimentos pseudorreligiosos 155; está sendo conquistada pelos povos da América Latina 151.

LIBERTAÇÃO: do pecado e de suas conseqüências 27; expressa no culto cristão 34; como anseio humano 74; do pecado, da morte e da escravidão 123; faz parte da promoção humana 157; é um compromisso da Igreja 157; meta da evangelização inculturada 243.

LITURGIA: fonte e ápice da atividade da Igreja 34, 294; anúncio e realização da salvação 35; acesso a Deus através dos sinais 37; expressão das Igrejas locais 51; formas, sinais e ações próprias dos povos da América Latina e do Caribe 53; na paróquia 58; criatividade e pedagogia dos sinais 117; vivência, participação e projeção 145, 152; celebração da fé 302.

MÃES: solteiras e desprotegidas 110, 218.

MAGISTÉRIO: orientações e fidelidade 43, 49, 33, 57, 73, 294.

MAL: origem 9; respostas 254.

MANIPULAÇÃO GENÉTICA: 234.

MARIA: na Igreja atual 1; na Igreja apostólica 7; primeira remida e primeira fiel 15; presente na IV Conferência 31; em cuja virtude a Igreja alcançou a perfeição 32; na piedade popular 53; modelo de virgem e mãe 104; venerada pelas Igrejas que professam o credo niceno-constantinopolitano 135; na catequese 142; pertence à identidade da Igreja 143; modelo e figura da Igreja 163; modelo de evangelização da cultura 229.

MATERIALISMO: 26.

MATRIMÔNIO: do diácono permanente 77; verdade sobre ele 211; mistério da comunhão e relação trinitária 212; alcança em Cristo sua verdadeira dimensão 213; colaboração com o magistério 226.

MEDELLÍN: continuidade da IV Conferência em suas linhas 1, 179, 296.

MEIOS DE COMUNICAÇÃO SOCIAL: influência nos grupos sociais 26; não são guiados por critérios evangélicos 96; violências que cometem contra a mulher 107; análise crítica de suas mensagens 108; influência da publicidade 112; aproximação pastoral 131; usados pelas seitas 140; estilo de vida que propalam 199; contribuem para a crise da família 216; difundem a moral de situação 236; manipulam 238; seu poder sobre as massas 253; formação da consciência crítica diante deles 277; ações pastorais 280.

MENORES: abandonados 9; denunciar os atentados contra eles 110; reeducação 169.

MENTIRA: um dos males da América Latina. 9; promessas eleitorais 233.

MERCANTILISMO: 172.

MESTIÇAGEM: 18, 244, 247.

MESTRES: para que e com que objetivo educam 265; sujeito da evangelização 265; formação permanente 273; religiosos 275.

MÉTODOS: ver, julgar, agir, rever e celebrar 119; para se aproximar dos pobres 180; de planejamento familiar 226.

METRÓPOLES: características 225.

MIGRAÇÃO: um dos males da América Latina 9, 107, 110; relação com a perda de raízes religiosas 130; catequese dos migrantes 189; ação da Igreja 141; perspectiva de fé 178; experiência de Jesus Cristo 186; cresceu 187; falta de medidas sociais para detê-la 187; papel do setor público 188.

MILITARES: a serviço da democracia e da liberdade 99; pastoral da juventude nos meios militares 119.

MINISTÉRIOS: da reconciliação 6; sua diversidade 23; profético 33, 3, 227; complementaridade entre eles 55; episcopal 67; sacerdotal 68, 71; conferidos aos leigos 101, 104, 258.

MISSÃO: da Igreja peregrina 12; das pequenas comunidades 48; unida à comunhão 55; *ad gentes* 57; na paróquia 58; da mulher 90; dos adolescentes e dos jovens 11.

MISSIONÁRIOS: 21.

MODELOS ECONÔMICOS: neoliberal 181; em favor do homem 201; exploradores e excludentes 255.

MODERNIDADE: diálogo com o Evangelho 24; resultados 252; valores e antivalores 254; efeitos sobre o homem 255.

MORADIA: digna para os pobres 172; 218.

MORAL: nas seitas fundamentalistas 140; minada pelo indiferentismo e pelo secularismo 154; utilitarista e individualista 169; cristã 231, 237; de situação 236.

MOVIMENTOS APOSTÓLICOS: multiplicam-se na Igreja 38; contribuição para a nova evangelização 48; missão da paróquia 58; devem acolher a pastoral familiar 64; sinal dos tempos 95; nascem sob o impulso do Espírito Santo 102; elementos fundamentais 102; podem se fechar sobre si mesmos 102; lutam pela mulher 108; na missão *ad gentes* 125; causas de seu crescimento 148; multiplicam-se na cidade 259.

MUDANÇAS CULTURAIS: as respostas da nova evangelização 26; influem nos jovens 79.

MULHER: instrumentalizada 9; sujeito da nova evangelização 25; na vida consagrada 90; igualdade com o homem 104; natureza e missão 105; anjo da guarda da alma cristã do continente 106; violências que sofre 107; aceitação e valorização 108; discriminação na educação 109; atentados contra sua dignidade 110; humilhadas e postergadas 178.

MÚSICA: no crescimento humano 119.

NÃO-CRISTÃOS: 125.

NARCOTRÁFICO: 112, 235, 167, 219, 241.

NATIVIDADE: 230.

NATUREZA: 233, 252.

NEOLIBERALISMO: 181, 199.

NOVA CIVILIZAÇÃO UNIVERSAL: 255.

NOVA CULTURA: gerada pela ação pastoral 116; urbana 253; da imagem 279.

NOVA EDUCAÇÃO: 266; nova em seu ardor 1, 12, 28, 33, 288; nova em suas expressões 1, 28, 30, 101, 115; nova em seus métodos 1, 28, 29, 101, 297.

NOVA EVANGELIZAÇÃO: sob o impulso do Espírito Santo 1; tempo de reconciliação 6; convite à conversão 9; consolida e amadurece a fé 12; proclama o Evangelho 13; luz da IV Conferência 22; ponto de partida 23, 24; que é 24; relação com a primeira 24; conteúdo 24, 27; sujeito 25; finalidade 26, 5, 7, 124; destinatários

26, 97; tarefa 26; como deve ser 28; inculturada no mundo 30; relação com a santidade 32; papel da liturgia 35; exigências 45; condição de eficácia 48; ênfase na catequese querigmática 49; desafios 59, 154, 230; tarefa das paróquias urbanas 60; relação com a pastoral familiar 64; agentes 72, 84, 87, 97; compromisso dos sacerdotes 72; relação com a promoção humana 76; presença dos leigos 103; promotora da dignificação da mulher 105; compromisso com a missão universal 125; relação com a educação 263; chamado a todos 302.

NOVA ORDEM ECONÔMICA: 194, 296.

NOVO FERVOR MISSIONÁRIO: 124.

OBEDIÊNCIA: ao Papa e ao bispo 143.

OCULTISMO: 147, 115.

OPÇÃO PREFERENCIAL PELOS POBRES: fundamento 178; fidelidade a ela 179; assumi-la com renovada decisão 180; inclui a opção preferencial por todos os meios para que os pobres saiam de sua miséria 275; assumi-la com novo ardor 296, 302.

OPÇÕES PASTORAIS: pelos pobres 50; pelos jovens 114.

ORAÇÃO: nela a Igreja encontra o sentido de sua vocação 34; expressa a fé 37; integra-se na missão apostólica 47; de Jesus Cristo 54, 78; litúrgica e privada 71; fundamento da pastoral vocacional 80; dos fiéis leigos 101; nos movimentos apostólicos 102; representa a cooperação missionária do Povo de Deus 128; pela unidade do cristianismo 135; no lar 225.

ORGANISMOS: de integração e coordenação na Igreja 68; de colaboração intra-eclesial 209.

ORGANIZAÇÕES: de camponeses e indígenas 176, 177; de economia solidária 181; de trabalhadores 185; partidárias 192.

PALAVRA DE DEUS: congrega fiéis e pastores 11; transmitida aos homens pela ação do Espírito Santo 31; alimento da catequese 33, 294; trabalho dos teólogos 33; ilumina a realidade dos povos 49; nas peregrinações e festas religiosas 53; dirigida aos leigos 94; nos movimentos apostólicos 102; manifesta o perfil das vocações femininas 108; caracteriza a identidade da Igreja 143; fermento da Igreja e da sociedade 225; libertadora e redentora 279.

PAPA: sucessor de Pedro 33; cabeça do colégio episcopal 55; adesão dos religiosos 147.

PARACRISTÃOS: 147.

PÁROCO: representante do bispo diocesano 58; comunhão dos animadores com ele 61, 63; respalda a pastoral familiar 64.

PARÓQUIA: reflexo de uma Igreja viva e dinâmica 54; pertence à essência da Igreja local 55; comunidade de comunidades 58, 142; Igreja entre as casas dos homens 58, 61; lentidão em sua renovação 59, 61; urbana 59; renovação de sua pastoral

60; planos de conjunto 60; multiplicar sua presença física 60; opção pelos jovens 114; espaço para a solidariedade 181; lugar para falar da família 210; reprogramar a paróquia urbana 257.

PARTICIPAÇÃO: na vida divina 27; do Espírito de Deus 31; na liturgia 43; na vida da Igreja 54; dos fiéis leigos 59, 60; nos conselhos pastorais 98; na estrutura pastoral 100; dos jovens e adolescentes 119; em organismos de diálogo e meditação 168; na democracia 193; nas nações 209.

PASTORAL: promove a vida integral 33; bíblica 38; agentes 59; setorização 60; planejamento 63; familiar 64, 220, 222, 224; compromissos 72; da juventude 79, 113, 114, 115, 119, 120; vocacional 80, 82, 293, 302; objetivos 99; de conjunto 102; papel da mulher 90; prioridades 103; atenção à comunidade 125; universitária 156; do trabalho 185; da mobilidade humana 188; da infância 227; dos edifícios de condomínio 259; ambiental e funcional 260; das comunidades 280.

PASTORES: diálogo com os teólogos 33; missão junto à religiosidade popular 53; unidade e comunhão entre si e com o povo de Deus 68; formação inicial 69; compartilhar a dor do povo 74; fomentar vocações dentre os leigos 94.

PATERNIDADE RESPONSÁVEL: 226.

PAZ: 6, 99, 138.

PECADO: coloca o homem em situação dramática 9; nas culturas 13; vencê-lo 14; libertados dele por Jesus Cristo 27; alguns fiéis não o percebem 39; desenvolver o Evangelho do sentido do pecado 156; não afeta a dignidade humana 159; afeta a relação com Deus e com a criação 164.

PEDAGOGIA: experiencial, participativa e transformadora 119.

PEREGRINAÇÕES AOS SANTUÁRIOS: 53.

PERMISSIVISMO: 154, 235.

PIEDADE POPULAR: 53.

PLURALISMO: 238.

POBRES: sentem a solidariedade com o testemunho da vida religiosa 85; a mulher é sensível ao seu clamor 90; sua evangelização 95; ensinam a viver sobriamente e a compartilhar 169; destinatários da mensagem de Jesus 178; revelam o rosto de Jesus 178; privilegiar seu serviço fraterno 180; empobrecidos ainda mais pelos sucessivos ajustes econômicos 196.

POBREZA: gerada pela falta de coerência entre a fé e a vida 161; forma de violação dos direitos humanos 167; flagelo devastador e humilhante 179; o testemunho de são Francisco 170.

POLÍTICA: 96, 99, 179.

POLÍTICOS: 178.

PORNOGRAFIA: 235, 280.

PÓS-MODERNIDADE: 24, 252.

POSSE: de droga 241.

PRAGMATISMO: 112.

PRISIONEIROS: 180.

PROFISSIONAIS: 104, 283.

PROGRAMAS ANTINATALISTAS: 110.

PROGRAMAS EDUCATIVOS: 109.

PROMISCUIDADE SEXUAL: 235.

PROMOÇÃO HUMANA: metas da nova evangelização 1; na primeira evangelização 19; idéia central da IV Conferência 22; a ressurreição é seu fundamento 24, 33; alimentada pela santidade 31; sustentada pela liturgia 35; tarefa da Igreja particular 55; papel do diácono permanente 76; na formação sacerdotal 84; contribuição da mulher 90; presença dos leigos nessa tarefa 103; na pastoral da juventude 120; ações para sua defesa 138; relação com a evangelização 157; dever de todos 157; criar condições mais humanas de vida 162; necessidades mais urgentes 175; nas culturas mestiças, indígenas e afro-americanas 251; relação com a cultura 279; compromisso da Igreja 292, 302.

PROSELITISMO: de grupos sectários cristãos 133; de seitas fundamentalistas 139, 140; dos movimentos paracristãos ou semicristãos 147; das empresas sociorreligiosas 147.

PROSTITUIÇÃO: 112, 235.

PUBLICIDADE: efeitos negativos 280.

PUEBLA: continuidade da IV Conferência 1, 247, 196; orientações a respeito dos ministérios confiados aos leigos 101; proclamou a opção preferencial pelos jovens 114; propôs a missão *ad gentes* 125.

QUADRILHAS: 112.

QUERIGMA: raiz de toda evangelização 33; primeiro anúncio 41; pregado de maneira viva e alegre 131.

QUINTO CENTENÁRIO DA EVANGELIZAÇÃO: 2, 20, 21.

RACISMO: 246, 249.

RECONCILIAÇÃO: provém de Jesus 6, 14; vivência na Igreja 68; faz parte da libertação do pecado 123; a ser promovida na nova evangelização 168.

REFORMA AGRÁRIA: 177.

REINO DE DEUS: entra-se pela fé e seguimento de Jesus 5; presente na vida e nas palavras de Jesus 5; anunciado na evangelização 27, 33; serviço do ministério ordenado 67; reino de justiça, de amor e de paz 204.

RELATIVISMO: 154.

RELIGIOSIDADE POPULAR: no processo de mestiçagem 18; expressão da inculturação da fé 36, 247; multiplica-se na Igreja 38; apresenta elementos estranhos à religião católica 39; necessidade de purificá-la 53; deve-se orientar para a conversão 240.

RELIGIOSOS: protagonistas da evangelização 19; ao lado dos indígenas 20; sujeitos da nova evangelização 25; unidade com a diocese 68; testemunho heróico 85; renovem sua adesão ao Papa 85; na obra evangelizadora 91; unidade com os bispos e presbíteros 93; evangelizadores eficazes 104; a serviço da educação 275.

RENOVAÇÃO DA VIDA RELIGIOSA: 85.

REPATRIAÇÃO VOLUNTÁRIA: 187.

RESPEITO À VIDA: 20.

RETIROS ESPIRITUAIS: 71.

RIO DE JANEIRO: 1, 169.

RITUALISMO: 43.

SABEDORIA: para encontrar novos métodos e novas expressões 1; de nossos povos 36, 169.

SACERDOTES: procedem ao mistério de Deus 70; ministros convencidos e fervorosos da nova evangelização 72; idosos e enfermos 73; formação permanente 84; devem valorizar e aceitar a mulher 108.

SACRAMENTOS: valor pedagógico de sua celebração litúrgica 35; manifestam a caridade divina 45; a penitência 46, 151, 225, 232, 240; manifestam a Igreja viva e operante 67; comunicam e anunciam a comunhão da Igreja 123; descobre-se neles a novidade de Jesus Cristo 131.

SALÁRIOS: 185, 199, 218.

SALVAÇÃO: presente na liturgia 34; alcança-se pela graça de Deus 45; escatológica 157; meta da evangelização 243.

SANTA MARIA DE GUADALUPE: 15, 289.

SANTIDADE: da Igreja 31, 32, 38; contribuição dos teólogos 33; dos membros da Igreja 37; é possível pela ação do Espírito 40; sacerdotal 70, 71; dos leigos 97; chamado a todos os cristãos 99, 294; prioridade pastoral 144.

SANTOS: na primeira evangelização 19; americanos 21; os melhores evangelizadores 28; na catequese 142.

SECULARISMO: encerra o homem num horizonte estreito 27; na vida dos católicos 44; ações pastorais contra ele 53, 172; candidatos ao sacerdócio vítimas do secularismo 83; respostas das associações de leigos 102; nega Deus 153; considera Deus incompatível com a liberdade humana 154; mina a moral 154; quebra os valores familiares 217; penetrou no âmbito da educação 266.

SECULARIZAÇÃO: 153.

SEGUIMENTO DE JESUS: 5, 10, 13, 32, 87, 160.

SEGURO SOCIAL: 188.

SEITAS: proliferação 26; interpretação da Bíblia 38; ação proselitista 133, 139; característica 140; resposta pastoral à sua ação 141, 146; novos tipos 147; causas de seu crescimento 148; uso que fazem dos meios de comunicação 280.

SEMENTES DO VERBO: 17, 138, 245.

SEMICRISTÃOS: 147.

SEMINÁRIOS: menores, sua validade 81; necessidade de formadores adequados 83, 84; formação que neles deve ser dada 84; carência da formação missionária 127; ensinar linguagem e técnicas de comunicação 285.

SEQÜESTROS: 219.

SERVIÇO: litúrgico 35; facilita a nova evangelização 60; de cada um dos homens 66; do ministério ordenado 67, 79, 74, 78; aos pobres 67, 180; da comunhão na América Latina 76; da Palavra e da doutrina social da Igreja 76; da Igreja 77, 157; das virgens consagradas 89, 91; dos leigos comprometidos 95, 98.

SÍMBOLOS: na educação 109; da liturgia 248.

SINAIS: sua linguagem 35, 254; próprios da América Latina e do Caribe 53; de alegria e esperança 83; dos tempos 95, 147.

SINCRETISMO RELIGIOSO: 138, 147.

SÍNODO DOS BISPOS: em 1990 70; em 1987 101.

SOFRIMENTO: 23, 32.

SOLIDARIEDADE: expressa na eucaristia 6; com os que mais sofrem 32; estimulada pelo trabalho teológico 33; cresce na celebração comunitária 52; entre os ministérios consagrados 75; praticada na vida religiosa 85; na família 106; promovida pela pastoral da juventude 116, 120; mensagem evangélica 157; serviço aos necessitados 159; no combate à droga 241; na ordem econômica, social e política 296.

SUBEMPREGO: 112.

TECNOLOGIA: marca certos grupos sociais 26; o homem não deve submeter-se a ela 27; no anúncio do Evangelho 29; na exploração da terra 174; muda as relações entre os homens 255.

TELEMÁTICA: 280.

TEMPOS LITÚRGICOS: 51.

TERRA: primeiro sinal da aliança de Deus com o homem 171; uso 171; lugar sagrado para os indígenas 172; visão mercantilista 172; visão cristã 173, 176; na América Latina e no Caribe 174; administração e utilização 175; reflexão teológica 177.

TERRORISMO: um dos males da América Latina 9; viola os direitos humanos 167; expressão da anticultura da morte 219, 235.

TESTEMUNHO: da unidade da Igreja 23; faz parte dos novos métodos da nova evangelização 29; de todo o Povo de Deus 33, 128, 156; expressão do culto cristão 34; na vida sacerdotal 71, 145; dos diáconos permanentes 76; de religiosas e religiosos 85; na vida contemplativa 86; na ação pastoral 200.

TOXICOMANIA: 9, 235, 241.

TRÁFICO DE CRIANÇAS: 221.

TRÁFICO DE NEGROS: 20.

UNIÃO CONSENSUAL LIVRE: 216, 217.

UNIDADE: dentro dos ministérios e carismas 23; na diversidade 27, 65; pedida por Jesus 54, 132; brota da eucaristia 55; nem sempre se reflete na Igreja 68; entre os pastores 68; nos conselhos de leigos 98; dos espíritos e corações 157; da família 238; do homem e do mundo em Deus 248.

UNIVERSALIDADE DA MENSAGEM DE JESUS CRISTO: 7.

UNIVERSIDADES CATÓLICAS: 268, 276.

URBANIZAÇÃO: 26, 255.

VALORES: da primeira evangelização 24; do Reino 85, 247; do mundo contemporâneo 87; cristãos, na identidade da cultura 96; da mulher 107, 108; da pessoa humana 109; promoção de alguns valores fundamentais particulares 214, 233; da cultura 229, 282; seu desaparecimento com a crise cultural 230; novos valores que concordam com a mensagem cristã 230; resgatar os que se perderam 237; dos povos indígenas 245; nas culturas afro-americanas 246; valores culturais autóctones 248; meros consensos sociais subjetivos 253; do homem urbano 256; na educação 265, 266. Ver Jesus e Jesus Cristo.

VIDA: brota do Evangelho 23; separada da fé 24; vida divina 27, 48; santa 31; anunciada na nova evangelização 33; vida nova 67; situações que atentam contra ela 110; vida cotidiana 118; vida na criança nascida e abandonada 162; a família é seu santuário 214; dom de Deus 215; vida moral 239; agressões contra ela 297; a nova evangelização está a serviço da vida 302.

VIDA CONSAGRADA: 85.

VIDA CONTEMPLATIVA: 37, 86.

VIOLÊNCIA: nas relações sexuais 110; contra a mulher 106; contra os direitos dos menores, das mulheres e dos pobres 167; diária e indiscriminada 178; causa terror 179; crescente na América Latina 235.

VIRGINDADE: 89.

VOCAÇÃO: de todo homem 13, 159; condições de amadurecimento 42; variedade e complementaridade 55; aumento 79, 82; compromisso dos leigos em sua promoção 80; provenientes de todas as culturas 80; à vida contemplativa 86; dos batizados 94; descoberta e amadurecimento 96; vocação da mulher 105, 11; na pastoral da juventude 114; vocação co-criadora do homem 182.

Anexo 1

Mensagem do papa João Paulo II aos indígenas

Amadíssimos irmãos e irmãs indígenas do continente americano

1. No contexto da comemoração do V Centenário do início da evangelização do Novo Mundo, lugar preferencial no coração e no afeto do Papa ocupam os descendentes dos homens e das mulheres que povoavam este continente, quando a cruz de Cristo foi plantada, naquele 12 de outubro de 1492.

Da República Dominicana, onde tive a alegria de me encontrar com alguns dos vossos representantes, dirijo a minha mensagem de paz e amor a todas as pessoas e grupos étnicos indígenas, desde a península do Alasca até a Terra do Fogo. Sois continuadores dos povos tupi-guarani, aimara, maia, quechua, chibcha, nahualt, mixtecas, araucano, yanomani, guajiro, inuit, apache e muitíssimos outros que se distinguiram por sua nobreza de espírito, que se evidenciaram nos seus valores autóctones culturais, como as civilizações asteca, inca e maia, e que podem gloriar-se de possuir uma visão da vida que reconhece a sacralidade do mundo e do ser humano. A simplicidade, a humildade, o amor à liberdade, a hospitalidade, a solidariedade, o apego à família, a proximidade à terra e o sentido da contemplação são outros tantos valores que a memória indígena da América conservou até os nossos dias, e constituem um contributo que se sente na alma latino-americana.

2. Faz agora 500 anos que o Evangelho de Jesus Cristo chegou aos vossos povos. Mas já antes, e sem que talvez o imaginassem, o Deus vivo e verdadeiro estava presente, iluminando os seus caminhos. O apóstolo são João diz-nos que o Verbo, o filho de Deus, "é a luz verda-

deira que, vindo ao mundo, a todo o homem ilumina" (Jo 1,9). Com efeito, as "sementes do Verbo" estavam já presentes e iluminavam o coração dos vossos antepassados, para que fossem descobrindo os vestígios do Deus Criador em todas as suas criaturas: o sol, a lua, a mãe-terra, os vulcões e as selvas, as lagoas e os rios.

Mas, à luz da Boa-Nova, eles descobriram que todas aquelas maravilhas da criação não eram senão um pálido reflexo do seu Autor, e que a pessoa humana, por ser imagem e semelhança do Criador, é muito superior ao mundo material e está chamada a um destino transcendente e eterno. Jesus de Nazaré, o filho de Deus feito homem, com sua morte e ressurreição, libertou-nos do pecado, tornando-nos filhos adotivos de Deus e abrindo-nos o caminho para a vida que não tem fim. A mensagem de Jesus Cristo fez-lhes ver que todos os homens são irmãos, porque têm um Pai comum: Deus. E todos são chamados a fazer parte da única Igreja, que o Senhor fundou com seu sangue (cf. At 20,28).

À luz da revelação cristã, as virtudes ancestrais dos vossos antepassados, como a hospitalidade, a solidariedade, o espírito generoso encontram a sua plenitude no grande mandamento do amor, que deve ser a suprema lei do cristão. A persuasão de que o mal se identifica com a morte e o bem com a vida abriu-lhes o coração de Jesus, que é "o Caminho, a Verdade e a Vida" (Jo 14,6).

Tudo isto, a que os Padres da Igreja chamam de as "sementes do Verbo", foi purificado, aprofundado e completado pela mensagem cristã, que proclama a fraternidade universal e defende a justiça. Jesus chamou de bem-aventurados aos que têm sede de justiça (cf. Mt 5,6). Que outro motivo, senão a pregação dos ideais evangélicos, moveu tantos missionários a denunciar as violações cometidas contra os índios, à chegada dos colonizadores? Estão a demonstrá-lo a ação apostólica e os escritos de intrépidos evangelizadores espanhóis, como Bartolomeu de Las Casas, Frei Antônio de Montesinos, Vasco de Quiroga, João del Valle, Julião Garcés, José de Anchieta, Manuel da Nóbrega, e de tantos outros homens e mulheres que dedicaram generosamente sua vida aos nativos. A Igreja que, com os seus religiosos, sacerdotes e bispos, esteve sempre ao lado dos indígenas, como poderia esquecer, neste

V Centenário, os enormes sofrimentos infligidos aos povoadores deste continente, durante a época da conquista e da colonização? Deve-se reconhecer, com toda a verdade, os abusos cometidos, devido à falta de amor daquelas pessoas que não souberam ver nos indígenas irmãos e filhos do mesmo Deus Pai.

3. Nesta comemoração do V Centenário, desejo repetir o que vos disse durante minha primeira viagem pastoral à América Latina: "O Papa e a Igreja estão convosco e vos amam: amam as vossas pessoas, a vossa cultura, as vossas tradições; admiram o vosso maravilhoso passado, animam-vos no presente e muito esperam do futuro" (*Discurso em Cuilapan*, 29.1.1979, n. 5). Por isso, quero também me fazer eco e porta-voz dos vossos mais profundos anelos.

Sei que quereis ser respeitados como pessoas e como cidadãos. Por sua vez, a Igreja faz sua esta legítima aspiração, já que a vossa dignidade não é menor que a de qualquer outra pessoa ou raça. Todo homem ou mulher foi criado à imagem e semelhança de Deus (cf. Gn 1,26-27). E Jesus, que mostrou sempre sua predileção pelos pobres e abandonados, diz-nos que tudo o que fizemos ou deixamos de fazer "a um destes meus irmãos mais pequeninos", a ele mesmo o fizemos (cf. Mt 25,40). Ninguém que se honre do nome de cristão pode desprezar ou discriminar por motivos de raça ou cultura. O apóstolo Paulo admoesta-nos quanto a isto: "Foi num só Espírito que todos nós fomos batizados, a fim de formarmos um só corpo, quer judeus, quer gregos, quer escravos, quer livres" (1Cor 12,13).

A fé, queridos irmãos e irmãs, supera as diferenças entre os homens. A fé e o batismo dão vida a um novo povo: o povo dos filhos de Deus. Contudo, mesmo superando as diferenças, a fé não as destrói, e sim, as respeita. A unidade de todos nós em Cristo não significa, sob o ponto de vista humano, uniformidade. Pelo contrário, as comunidades eclesiais sentem-se enriquecidas, ao acolher a multíplice diversidade e variedade de todos os seus membros.

4. Por isso, a Igreja anima os indígenas a conservarem e promoverem, com legítimo orgulho, a cultura de seus povos: as sãs tradições e costumes, o idioma e os valores próprios. Ao defender vossa identidade, não só exerceis um direito, mas cumpris também o dever de transmitir

vossa cultura às gerações vindouras, enriquecendo deste modo toda a sociedade. Esta dimensão cultural, em ordem à evangelização, será uma das prioridades da IV Conferência Geral do Episcopado Latino-Americano, que se realiza em Santo Domingo e que tive a alegria de inaugurar, como ato preeminente da minha viagem, por ocasião do V Centenário.

A tutela e o respeito das culturas, valorizando tudo o que de positivo há nelas, não significam, entretanto, que a Igreja renuncia à sua missão de elevar os costumes, rejeitando tudo aquilo que se opõe ou contradiz à moral evangélica. "A Igreja — afirma o Documento de Puebla — tem a missão de dar testemunho do 'verdadeiro Deus e único Senhor'. Não se pode considerar como violação a evangelização, que é um convite a que se abandonem as falsas concepções de Deus, procedimentos antinaturais e manipulações aberrantes do homem, feitas pelo homem" (nn. 405-406).

Elemento central nas culturas indígenas é o apego e a proximidade à mãe terra. Amais a terra e quereis permanecer em contato com a natureza. Uno a minha voz à de quantos pedem a aplicação de estratégias e meios eficazes para proteger e conservar a natureza criada por Deus. O respeito devido ao meio ambiente deve ser sempre tutelado, acima de interesses exclusivamente econômicos ou da abusiva exploração de recursos em terras e mares.

5. Entre os problemas que preocupam muitas comunidades indígenas estão os relacionados com a posse da terra. Consta-me que os pastores da Igreja, a partir das exigências do Evangelho e em consonância com o magistério social, não têm deixado de apoiar os vossos legítimos direitos, favorecendo adequadas reformas agrárias e exortando à solidariedade como caminho que conduz à justiça. Também conheço as dificuldades que deveis enfrentar quanto a temas como a segurança social, o direito de associação, a capacidade agrícola, a participação na vida nacional, a formação integral dos vossos filhos, a educação, a saúde, a moradia e tantas outras questões que vos preocupam. A este propósito, vêm-me à mente as palavras que, há alguns anos, dirigi aos indígenas, no inesquecível encontro de Quetzaltenango: "A Igreja conhece, queridos filhos, a marginalização que sofreis; as injustiças que suportais; as sérias dificuldades que tendes

para defender as vossas terras e os vossos direitos; a freqüente falta de respeito pelos vossos costumes e pelas vossas tradições. Por isso, ao cumprir sua obra de evangelização, ela quer estar junto de vós e elevar sua voz de condenação, quando é violada a vossa dignidade de seres humanos e filhos de Deus; quer acompanhar-vos pacificamente como o exige o Evangelho, mas com decisão e energia, na obtenção do reconhecimento e da promoção da vossa dignidade e dos vossos direitos como pessoas humanas" (*Discurso em Quetzaltenango*, 7.3.1983, n. 4).

Dentro da missão religiosa que lhe é própria, a Igreja não poupará esforços para continuar a fomentar todas aquelas iniciativas, que têm em vista promover o bem comum e o desenvolvimento integral das vossas comunidades, assim como favorecer legislações que respeitem e tutelem adequadamente os valores autênticos e os direitos dos indígenas. Demonstração dessa decidida vontade de colaboração e assistência é a recente ereção, por parte da Santa Sé, da Fundação *Populorum Progressio*, que dispõe de um fundo de ajuda para os grupos indígenas e populações rurais menos favorecidas da América Latina.

Encorajo-vos, pois, a um renovado empenho a serdes também protagonistas da vossa própria elevação espiritual e humana, mediante o trabalho digno e constante, a fidelidade às vossas melhores tradições, a prática das virtudes. Para isto contais com os genuínos valores da vossa cultura, acrisolada ao longo das gerações que vos precederam nesta abençoada terra. Mas, sobretudo, contais com a maior riqueza que, pela graça de Deus, recebestes: a vossa fé católica. Cumprindo os ensinamentos do Evangelho, conseguireis que os vossos povos, fiéis às suas legítimas tradições, progridam tanto material como espiritualmente. Iluminados pela fé em Jesus Cristo, vereis nos demais homens, para além de qualquer diferença de raça ou cultura, irmãos vossos. A fé ampliará o vosso coração, para que se abriguem nele todos os vossos concidadãos. E essa mesma fé levará os outros a amar-vos, a respeitar a vossa idiossincrasia e a unir-se convosco na construção de um futuro, no qual todos sejam parte ativa e responsável, como corresponde à dignidade cristã.

6. Acerca do lugar que vos corresponde na Igreja, exorto todos a fomentarem aquelas iniciativas pastorais que favoreçam uma maior integração e participação das comunidades indígenas na vida eclesial. Para isto, dever-se-á fazer um renovado esforço no que se refere à inculturação do Evangelho, pois "uma fé que não se torna cultura é uma fé não de modo pleno acolhida, não inteiramente pensada nem com fidelidade vivida" (*Discurso ao mundo da cultura*, Lima, 15.5.1988). Trata-se, em definitivo, de conseguir que os católicos indígenas se convertam em protagonistas da sua própria promoção e evangelização. E isto, em todos os setores, incluídos os diversos ministérios. Que imensa alegria no dia em que as vossas comunidades puderem ser servidas por missionários e missionárias, por sacerdotes e bispos que tenham saído das vossas próprias famílias e vos guiem na adoração a Deus "em espírito e verdade" (Jo 4,23).

A mensagem que hoje vos entrego em terras americanas, comemorando cinco séculos de presença do Evangelho no meio de vós, quer ser um apelo à esperança e ao perdão. Na oração que Jesus nos ensinou, rezamos: "Pai nosso... perdoai nossas ofensas como também nós perdoamos a quem nos ofende". Jesus "tem palavras de vida eterna" (Jo 6,68); ele sabe o que há "no coração do homem"(cf. Jo 2,25). Em nome de Jesus Cristo, como pastor da Igreja vos peço que "perdoeis aos que vos ofenderam"; que perdoeis a todos aqueles que durante estes 500 anos foram causa de dor e sofrimento para vossos antepassados e para vós. Quando perdoamos, colocamos nas mãos de Deus as "ofensas" que o homem praticou, sabendo que o Senhor é a justiça mais santa e a mais justa misericórdia. Ele é o único dono da história, criador do mundo e redentor do homem. Ao perdoar, nós mesmos nos renovamos no espírito, e nossa vontade se fortalece. O mundo necessita sempre do perdão e da reconciliação entre as pessoas e entre os povos. Somente sobre estes fundamentos se poderá construir uma sociedade mais justa e fraterna. Por isso, nesse solene Centenário, e em nome do Senhor Jesus, vos dirijo meu premente apelo a perdoar "aos que vos ofenderam"— como dizemos no pai-nosso — todas as ofensas e injustiças que vos foram infligidas, muitas das quais somente Deus conhece. A Igreja, que durante estes 500 anos vos acompanhou no vosso caminhar, fará tudo o que estiver ao seu alcance para que os descendentes dos antigos povoadores da América ocupem, na sociedade e nas comunidades eclesiais, o lugar que lhes corresponde. Estou consciente dos graves problemas e dificuldades que deveis enfrentar. Mas estejais certos de que nunca vos há de faltar o auxílio de Deus e a proteção de sua mãe santíssima, como um dia, na colina do Tepeyac foi prometido a um insigne filho do vosso mesmo sangue, o índio Juan Diego, que tive a alegria de elevar à honra dos altares: "Ouve e presta atenção, filho meu mais pequeno, é nada o que te assusta e aflige: não se atemorize o teu coração. Não temas essa enfermidade, nem outra enfermidade ou angústia. Não estou eu aqui, que sou tua mãe? Não estás sob minha sombra? Não sou eu a tua saúde? Não estás, porventura, no meu regaço?" (*Nican Mopohua*).

Nossa Senhora de Guadalupe proteja todos vós, enquanto vos abençôo de coração, em nome do Pai e do Filho e do Espírito Santo. Amém.

Santo Domingo, 13 de outubro de 1992.
V Centenário da Evangelização da América.

Anexo 2

Mensagem do papa João Paulo II aos afro-americanos

Amadíssimos irmãos e irmãs afro-americanos

1. O V Centenário da evangelização do Novo Mundo é ocasião propícia para vos dirigir, da cidade de Santo Domingo, a minha mensagem de encorajamento que aumente a vossa esperança e sustenha o vosso empenho cristão em dar renovada vitalidade às vossas comunidades, às quais, como sucessor de Pedro, envio uma saudação cordial e afetuosa com as palavras do apóstolo são Paulo: "Graça e paz da parte de Deus Pai e da de nosso Senhor Jesus Cristo" (Gl 1,3).

A evangelização da América é motivo de profunda ação de graças a Deus que, na sua infinita misericórdia, quis que a mensagem de salvação chegasse aos habitantes destas abençoadas terras, fecundadas pela cruz de Cristo, a qual marcou a vida e a história das suas gentes, e que tão abundantes frutos de santidade e de virtudes produziu no decorrer destes cinco séculos.

A data de 12 de outubro de 1492 assinala o início do encontro de raças e culturas, que configurariam a história destes 500 anos, nos quais a penetrante visão cristã nos permite descobrir a intervenção amorosa de Deus, apesar das limitações e infidelidades dos homens. Com efeito, no sulco da história verifica-se uma confluência misteriosa de pecado e graça, mas, ao longo da mesma, a graça triunfa sobre o poder do pecado. Como nos diz são Paulo: "Onde, porém, abundou o pecado, superabundou a graça" (Rm 5,20).

2. Nas minhas celebrações deste V Centenário não podia faltar a minha mensagem de aproximação e vivo afeto às populações afro-americanas, que representam uma parte relevante no conjunto do continente e que, com os seus valores humanos e cristãos, e também

com a sua cultura, enriquecem a Igreja e a sociedade em tantos países. A este propósito, vêm-me à mente aquelas palavras de Simão Bolívar, afirmando que "a América é o resultado da união da Europa e da África com elementos aborígenes. Por isso, nela não cabem os preconceitos de raça e, se coubessem, a América voltaria ao caos primitivo".

De todos é conhecida a gravíssima injustiça cometida contra aquelas populações negras do continente africano, que foram arrancadas com violência das suas terras, das suas culturas e das suas tradições, e trazidas como escravos para a América. Na minha recente viagem apostólica ao Senegal, não quis deixar de visitar a ilha de Goreia, onde se exerceu parte daquele ignominioso comércio, e quis deixar perpetuado o firme repúdio da Igreja, com as palavras que agora desejo recordar de novo: "A visita à 'Casa dos Escravos' faz-nos recordar o tráfico de negros, que Pio II, ao escrever em 1462 a um bispo missionário que partia para a Guiné, qualificava como 'grande crime'. Durante um período da história do continente africano, homens, mulheres e crianças negros foram trazidos para esta pequena localidade, tirados da sua terra, separados dos seus parentes, para serem aqui vendidos como mercadoria. Estes homens e estas mulheres foram vítimas de um vergonhoso comércio, no qual tomaram parte pessoas batizadas, mas que não viveram a sua fé. Como se hão de esquecer os enormes sofrimentos infligidos, com menosprezo dos mais elementares direitos humanos, às populações deportadas do continente africano? Como se hão de esquecer as vidas humanas destruídas pela escravidão? Deve ser confessado, com toda a verdade e humildade, este pecado do homem contra o homem" (*Discurso na ilha de Goreia*, 21.2.1992).

3. Olhando para a realidade atual do Novo Mundo, vemos pujantes e vivas comunidades afro-americanas que, sem esquecer o seu passado histórico, oferecem a riqueza da sua cultura à variedade multiforme do continente. Com tenacidade, não isenta de sacrifícios, contribuem para o bem comum integrando-se no conjunto social, mas mantendo a sua identidade, usos e costumes. Esta fidelidade ao seu próprio ser e patrimônio espiritual é algo que a Igreja não só respeita, mas encoraja e quer fomentar, pois, sendo o homem — todo homem — criado à imagem e semelhança de Deus (cf. Gn 1,26-27), toda a realidade autenticamente humana é expressão dessa imagem, que Cristo regenerou com o seu sacrifício redentor.

Graças à redenção de Cristo, amados irmãos e irmãs afro-americanos, todos nós passamos das trevas à luz, a ser "não meu povo" mas a chamar-nos "filhos do Deus vivo" (cf. Os 2,1). Como "eleitos de Deus formamos um só corpo, que é a Igreja (cf. Cl 3,12-15), na qual, segundo as palavras de são Paulo", não há mais grego, nem judeu, nem circunciso nem incircunciso, nem bárbaro, nem cita, nem escravo, nem livre, mas Cristo, que é tudo em todos" (Cl 3,11). De fato, a fé supera as diferenças entre os homens e dá a vida a um povo novo, que é o povo dos filhos de Deus. Contudo, mesmo superando as diferenças na comum condição de cristãos, a fé não as destrói, mas respeita-as e dignifica-as.

Por isso, nesta comemoração do V Centenário, encorajo-vos a defender a vossa identidade, a ser conscientes dos vossos valores e fazê-los frutificar. Mas, como pastor da Igreja, exorto-vos sobretudo a ser conscientes do grande tesouro que, pela graça de Deus, recebestes: a vossa fé católica. À luz de Cristo, haveis de conseguir que as vossas comunidades cresçam e progridam, tanto no espiritual como no material, difundindo assim os dons que Deus vos outorgou. Iluminados pela fé cristã, vereis os demais homens, acima de qualquer diferença de raça ou de cultura, como irmãos vossos, filhos do mesmo Pai.

4. A solicitude da Igreja por vós e pelas vossas comunidades, tendo em vista a nova evangelização, a promoção humana e a cultura cristã, tornar-se-á evidente na IV Conferência Geral do Episcopado Latino-Americano, que hoje tive a ventura de inaugurar. Sem esquecer que muitos valores evangélicos têm penetrado e enriquecido a cultura, a mentalidade e a vida dos afro-americanos, deseja-se incrementar a atenção pastoral e favorecer os elementos específicos das comunidades eclesiais com fisionomia própria.

A obra evangelizadora não destrói, mas encarna-se nos vossos valores, consolida-os e fortalece-os: faz crescer as sementes lançadas pelo "Verbo de Deus, o qual, antes de se fazer homem para tudo salvar e em si recapitular, já estava no mundo, como verdadeira luz que ilumina todo homem" (*Gaudium et Spes*, 57). A Igreja, fiel à universalidade da sua missão, anuncia Jesus Cristo e convida os homens a aceitarem a sua mensagem. Como afirmaram os bispos latino-americanos na Conferência Geral de Puebla de los Angeles: "A Igreja tem a missão de dar testemunho do 'verdadeiro Deus e único Senhor'. Não se pode considerar como violação a evangelização, que é um convite a que se abandonem as falsas concepções de Deus, procedimentos antinaturais e manipulações do homem feitas pelo homem" (n. 406). Com efeito, com a evangelização, a Igreja renova as culturas, combate os erros, purifica e eleva a moral dos povos, fecunda as tradições, consolida-se e restaura-as em Cristo (cf. *Gaudium et Spes*, 58).

5. Sei que a vida de muitos afro-americanos nos diversos países não está isenta de dificuldades e problemas. A Igreja, bem consciente disto, compartilha os vossos sofrimentos e acompanha-vos e apóia-vos nas vossas legítimas aspirações a uma vida mais justa e digna para todos. A este propósito, não posso deixar de expressar a viva gratidão e de encorajar a ação apostólica de tantos sacerdotes, religiosos e religiosas que exercem o seu ministério junto dos mais pobres e necessitados. Peço a Deus que nas vossas comunidades cristãs surjam também numerosas vocações sacerdotais e religiosas, para que os afro-americanos do continente possam contar com ministros provenientes das vossas próprias famílias.

Enquanto vos confio à maternal proteção da Santíssima Virgem, cuja devoção está tão arraigada na vida e nas práticas cristãs dos católicos afro-americanos, abençôo-vos no nome do Pai e do Filho e do Espírito Santo. Amém!

Santo Domingo, 13 de outubro de 1992.
V Centenário da Evangelização da América.

Impresso na gráfica da
Pia Sociedade Filhas de São Paulo
Via Raposo Tavares, km 19,145
05577-300 - São Paulo, SP - Brasil - 2006